COLLECTION *QUI ? POURQUO...*

Les arbres

par GEOFFREY COE

Illustrations de C. JIFF KOEHLER
et ALVIN KOEHLER

ÉDITIONS CHANTECLER

PRÉFACE

De tout temps, les arbres ont excité l'imagination des poètes et tenu, de mille manières, une place dans la pensée et le comportement des hommes. Ce livre de la collection *Qui? Pourquoi?* explique pourquoi les arbres, ces grandes plantes, ont une place si considérable dans l'histoire de l'humanité. Dans le monde entier, les arbres ont de l'importance pour les hommes. Qui ne se souvient d'un arbre qui éveille en lui un beau souvenir? On pourrait également penser que les arbres sont beaux ou laids, qu'ils sont nécessaires ou gênants – en tout cas, ils sont utiles. Ils nous servent de mille façons, et ils nous donnent beaucoup plus que la plupart des gens ne le savent en ce qu'ils nous procurent la nourriture et l'abri. Ils sont la demeure de l'oiseau, ils nous offrent de beaux lieux de délassement, et ils sont la source de matières premières pour un nombre infini de matériaux que nous utilisons, du papier à la térébenthine.

Pour les savants, les arbres sont un sujet capital pour les recherches concernant la vie et la croissance des plantes. De quelle façon la chlorophylle dispensatrice de vie pour les plantes aide-t-elle à former le bois? Comment les éléments passent-ils du sol et de l'air dans les plantes? Ce volume de la collection *Qui? Pourquoi?* traite de ces questions et de beaucoup d'autres.

Une promenade dans les bois ou sur une route bordée d'arbres amène toujours la question: « De quelle espèce est cet arbre-là? » Et c'est une joie quand on est capable de répondre correctement à cette question.

18025

© 1974 by Grosset and Dunlap, Inc., New-York.
Édition française : © 1974 by Éditions Chantecler,
division de la Zuid-Nederlandse Uitgeverij,
Mortsel-Anvers, Belgique.
Traduction française de M. Gille
D-1974-0001-18

TABLE DES MATIÈRES

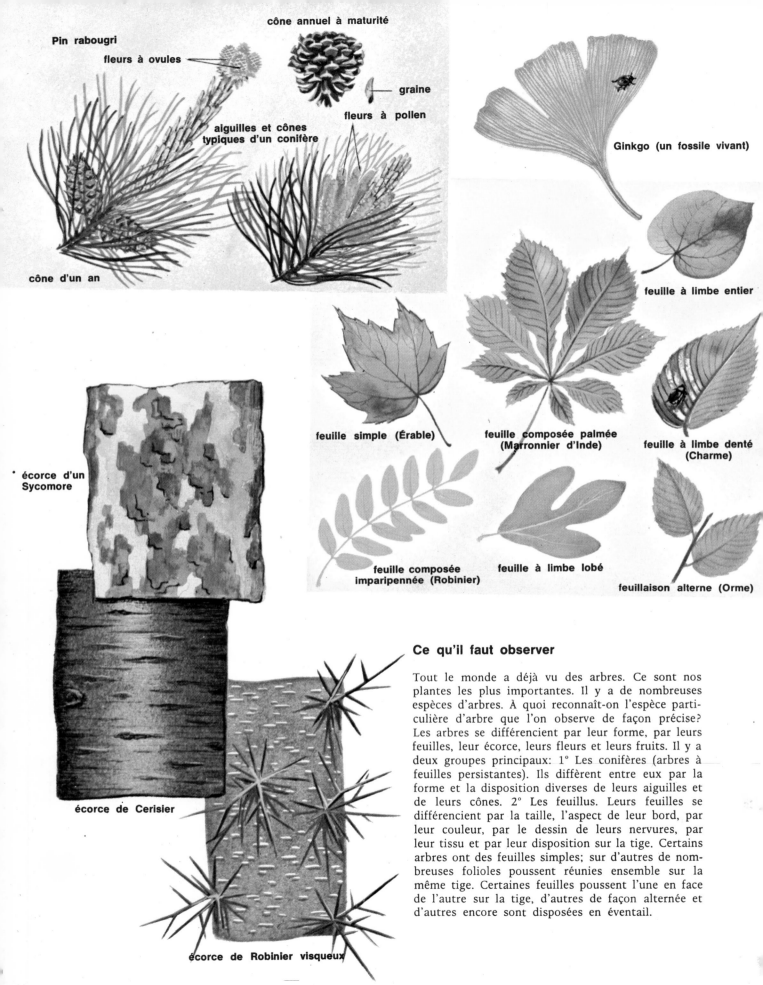

Pin rabougri

fleurs à ovules

cône annuel à maturité

graine

fleurs à pollen

aiguilles et cônes
typiques d'un conifère

cône d'un an

Ginkgo (un fossile vivant)

feuille à limbe entier

feuille simple (Érable)

feuille composée palmée
(Marronnier d'Inde)

feuille à limbe denté
(Charme)

écorce d'un
Sycomore

feuille composée
imparipennée (Robinier)

feuille à limbe lobé

feuillaison alterne (Orme)

écorce de Cerisier

écorce de Robinier visqueux

Ce qu'il faut observer

Tout le monde a déjà vu des arbres. Ce sont nos plantes les plus importantes. Il y a de nombreuses espèces d'arbres. À quoi reconnaît-on l'espèce particulière d'arbre que l'on observe de façon précise? Les arbres se différencient par leur forme, par leurs feuilles, leur écorce, leurs fleurs et leurs fruits. Il y a deux groupes principaux: 1° Les conifères (arbres à feuilles persistantes). Ils diffèrent entre eux par la forme et la disposition diverses de leurs aiguilles et de leurs cônes. 2° Les feuillus. Leurs feuilles se différencient par la taille, l'aspect de leur bord, par leur couleur, par le dessin de leurs nervures, par leur tissu et par leur disposition sur la tige. Certains arbres ont des feuilles simples; sur d'autres de nombreuses folioles poussent réunies ensemble sur la même tige. Certaines feuilles poussent l'une en face de l'autre sur la tige, d'autres de façon alternée et d'autres encore sont disposées en éventail.

fleur de Tulipier

feuillaison verticillée
(Bois-trompette)

feuillaison opposée
(Érable)

étamines

pétale

anthère
filet

stigmate
style
ovaire

calice

Paulownia

Sycomore

Sapin Douglas

Aubépine

Magnolia

If

Les ancêtres de nos arbres

Qu'est-ce qu'un arbre? Un arbre est beaucoup de choses. Pour les petits garçons c'est un défi; ils grimpent jusqu'à la cime, et scrutent l'horizon.

Au printemps et en été, l'arbre sert de salle de concert aux oiseaux, et en hiver le vent froid siffle à travers ses branches.

C'est une ombrelle verte et fraîche sous laquelle on peut se reposer aux jours chauds. Ses troncs les plus gros fournissent le bois de construction pour nos maisons, et le bois poli pour nos meubles. Il y a presque toujours un arbre dans le voisinage de nos maisons. Presque tous les gamins ont déjà grimpé au sommet, et la plupart des fillettes ont déjà cueilli d'odorants bouquets d'aubépine.

Nous trouvons des arbres partout, et ils jouent un rôle important dans notre vie de tous les jours. Mais posons la question au sens scientifique: qu'est-ce qu'on appelle de façon précise l'arbre? Les dictionnaires désignent l'arbre comme « une plante ligneuse avec un tronc unique, qui, en règle générale a plus de trois mètres de haut quand il a atteint une durée de vie de 2 à 5 ans ».

Mais comme toutes les règles, celle-ci a aussi ses exceptions. Des exceptions curieuses fait partie le banian (ou figuier des pagodes); il pousse dans les climats du sud, ses longues branches pendent vers le sol et s'enracinent dans la terre de telle sorte qu'un seul arbre a finalement des douzaines ou même des centaines de troncs. Le « figuier-étrangleur » ou « figuier-meurtrier » est un arbre dont les graines disséminées par le vent se développent à la cime d'autres arbres, et dont les vrilles, en descendant, enfoncent deci-delà des racines autour de « l'arbre-victime » qui est progressivement étouffé. Une exception plus rare encore est le pin nain des froides plaines de la toundra du nord, qui met cent ans et davantage à pousser de quelques centimètres. Les ravissants arbres nains du Japon sont aussi de vrais arbres, qui ressemblent tout à fait à leurs parents géants, mais n'arrivent guère à plus de 30 à 60 centimètres de hauteur.

Mais avant de parler des arbres tels que nous les connaissons de nos jours, jetons un coup d'œil plusieurs millions d'années en arrière et voyons comment se sont développés leurs ancêtres primitifs.

Comment s'est constituée la terre arable fertile ?

Les savants supposent que l'âge de la Terre, notre planète, est de quatre ou cinq milliards d'années. Durant la plus longue partie de cette période, il n'y avait pas du tout de terre fertile (humus) sur notre planète. La campagne aride n'était constituée que de roches nues. Puis le soleil, le vent et la pluie commencèrent, au cours des siècles, à transformer une épaisse couche de roches en sa-

Arbre   **Arbuste**   **Plante grimpante**

Arbres, arbustes et plantes grimpantes sont des plantes ligneuses. Mais il y a entre elles des différences notables : un arbre n'a qu'un seul tronc, et arrive à atteindre, à peu d'exceptions près, plus de trois mètres. Un arbuste a moins de trois mètres, il a la plupart du temps plusieurs troncs et même souvent un certain nombre. Une plante grimpante a un tronc grêle et pas de cime comme l'arbre.

ble et en poussière. À la même époque, de petites plantes commencèrent à apparaître à la surface de la mer, le long des côtes des océans. Leurs frêles racines s'accrochèrent à la surface des roches et aidèrent ainsi la terre arable à se former. Les plantes, appelées lichens, moururent et se décomposèrent. Leurs substances végétales mortes se mêlèrent à la poussière des roches et la transformèrent progressivement en humus. Cette première couche de terre arable absorba la substance des roches, de l'air, de l'eau et des plantes. Ainsi il se forma de plus en plus de terre arable au cours d'un lent processus. Des plantes primitives de plus en plus nombreuses prirent racine, s'étiolèrent et moururent, et les substances végétales en décomposition se mélangèrent encore aux éléments des matières rocheuses en cours d'effritement. De cette façon lente, sur de longs espaces de temps, la terre arable se répandit des côtes de la mer vers l'intérieur des terres jusqu'à devenir en dernier lieu un gigantesque tapis qui recouvrit presque la totalité du sol de notre Terre.

Ainsi la terre arable (ou humus) de notre planète n'est autre chose qu'un mélange de roches en cours d'effritement, de végétaux en décomposition et de substances animales. Prends une poignée de terre et de l'eau, agite le mélange puis laisse-le reposer. Quelque particules flottent à la surface, le reste se dépose au fond. En examinant les particules flottantes, on découvrira de petites parcelles de feuilles, de racines et d'autres substances végétales. Les autres parti-

cules plus lourdes qui descendent sont du sable et de petits morceaux de gravier, de petits débris de roches effritées et émiettées.

Comment se développèrent les plantes ?

Le sol nourrit tout ce qui vit sur la terre ferme. Sans lui, aucune plante ne peut pousser et sans végétation la vie animale et la vie humaine ne pourraient exister. Quand le tapis magique de terre fertile s'étendit au-dessus de la Terre, les plantes simples le suivirent. Tout d'abord apparurent de petites plantes telles que les algues. Comme ensuite le tapis de terre arable se déplaçait toujours plus loin, les plantes devenaient plus grandes et adoptaient des formes différentes.

Certaines plongèrent des racines en profondeur, par lesquelles elles pompaient l'humidité et la nourriture du sol. Elles formèrent des feuilles qui captèrent les rayons solaires. Ce furent les premières fougères et

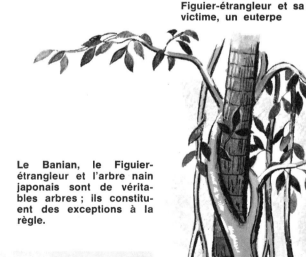

Figuier-étrangleur et sa victime, un euterpe

Le Banian, le Figuier-étrangleur et l'arbre nain japonais sont de véritables arbres ; ils constituent des exceptions à la règle.

Arbre nain japonais

Banian

leurs formes ont peu changé jusqu'à nos jours.

D'énormes espaces de temps s'écoulèrent. Dans ce monde vert et humide, certaines espèces de ces fougères poussèrent en arbres géants de trente mètres de haut et davantage; d'autres se développèrent en forme de prêles. Une espèce particulière se développa de telle façon qu'elle ressemblait à un gigantesque plant d'asperges au tronc lourd et épais, avec des faisceaux de feuilles comme des écailles à la cime. Certaines avaient des rameaux. Et au bout de millions d'années se forma le premier arbre véritable, appelé callixylon, l'ancêtre de nos conifères.

Comment les premiers arbres se transformèrent-ils en charbon ?

Il y a environ 250 millions d'années la Terre, avec ses forêts originelles, était couverte de fougères arborescentes. Le développement des véritables arbres n'était pas encore accompli. On appela cette période l'époque carbonifère.

La plus grande partie des terres était en ce temps-là humide et marécageuse, et quand les fougères arborescentes moururent et tombèrent dans les marécages de l'époque préhistorique, elles furent bientôt recouvertes par la boue et le limon. Au cours des temps, des couches et des couches de cette végétation en décomposition s'entassèrent les unes par-dessus les autres. Ensuite, des forces colossales bouleversèrent l'intérieur de l'écorce terrestre et enfouirent profondément les anciennes régions marécageuses dans les couches inférieures. En même temps, ces forces comprimaient les matières végétales et les façonnaient en une roche dure, noire, cassante et combustible que nous appelons charbon.

Quelquefois on peut reconnaître distinctement sur un morceau de houille les empreintes pétrifiées d'une feuille de fougère, mo-

delées de façon aussi précise qu'elle était en ce temps-là, telle qu'elle poussait sur les anciennes fougères arborescentes. Sur des restes de cette sorte qui, renfermés dans des roches calcaires ou du grès, furent retrouvés dans du charbon ou des couches de fossiles, nous pouvons imaginer à quoi ressemblaient les arbres des premières époques.

Quels furent les premiers arbres ?

Une ère suivait une autre ère en ces premiers temps obscurs, tandis que la Terre était toujours jeune et que se modifiaient très progressivement sa surface et son climat. Des perturbations volcaniques en profondeur firent bomber l'écorce terreste rocheuse et soulevèrent des chaînes de montagnes qui se dressèrent vers le ciel. De nombreux marécages et marais reculèrent devant les montagnes et les plateaux.

Les grands dinosauriens et autres reptiles

Ecorce pétrifiée d'un Lépidodendron

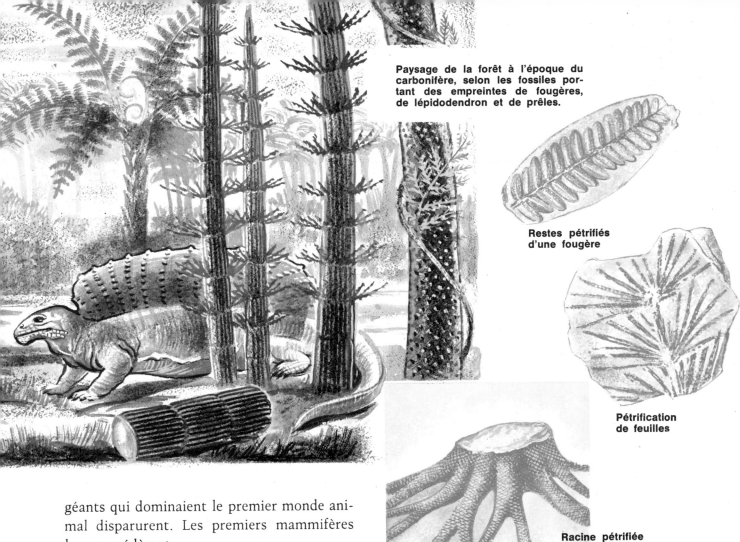

Paysage de la forêt à l'époque du carbonifère, selon les fossiles portant des empreintes de fougères, de lépidodendron et de prêles.

Restes pétrifiés d'une fougère

Pétrification de feuilles

Racine pétrifiée de lépidodendron

géants qui dominaient le premier monde animal disparurent. Les premiers mammifères leur succédèrent.

Les fougères arborescentes disparurent, et à leur place commencèrent à se développer ces espèces d'arbres qui nous sont familières aujourd'hui. Tout d'abord, il y eut des conifères et des palmiers. Bientôt les suivirent les bois durs, qui perdent leurs feuilles chaque année: hêtres, chênes, érables, ormes et saules. Le climat de la Terre était beaucoup plus chaud que de nos jours et d'immenses forêts couvraient la plus grande partie de ces régions que nous appelons maintenant l'Arctique et l'Antarctique. Des arbres fruitiers et des magnolias fleurissaient sur une terre qui est maintenant ensevelie sous les couches de glace du Groenland. Puis, pour des raisons que nos savants n'ont pas encore pu découvrir, notre Terre devint plus froide. Nos Pôles se trouvèrent enveloppés de glaces. Un glacier glissa de l'Arctique vers le sud et recouvrit la plus grande partie de l'Europe, et environ la moitié du nord de l'Amérique. Tandis que le glacier se retirait finalement il y a environ 20.000 ans, s'établissait tout autour de la Terre un univers de forêts, auquel l'univers actuel ressemble beaucoup.

Comment les arbres furent-ils changés en pierre ?

Dans l'état de l'Arizona et dans d'autres régions de l'Ouest américain, il y a de grandes forêts abattues dont les arbres sont devenus de la pierre. Certains troncs de ces arbres ont plus de 30 mètres de long.

Tous ces pins et ces séquoias vécurent et moururent il y a cent millions d'années ou plus. Dans des temps très reculés s'étendaient dans ce pays qui est maintenant un désert, des forêts subtropicales. De tous côtés, les volcans crachaient leur fumée et leur lave. Au cours des temps, les arbres s'abattirent et furent ensevelis sous les coulées de lave. Puis le pays se transforma progressivement en marécages, et les arbres se trouvèrent encore plus profondément enterrés sous les couches de boue accumulées.

L'eau de ces marécages contenait un fort pourcentage de quartz dissous. Le quartz est un des éléments de base dont se compose les roches de notre Terre. Cette eau quartzeuse s'infiltra dans les cellules du bois, et tandis que la fibre ligneuse se désagrégeait et se décomposait, le quartz se durcissait selon les formes et les structures exactes que présentait le bois des arbres. De sorte que ce « bois pétrifié » n'est absolument pas du bois mais se compose de cristaux de quartz qui ont pris la place du bois.

Après de nombreux siècles, tandis que le climat du pays se modifiait à nouveau, les marécages s'asséchèrent et se transformèrent en déserts; le vent, le soleil et la pluie désagrégèrent la pierre; le vent balayant sans relâche le sable du désert mit à nu les arbres pétrifiés.

Frêne de montagne

Nos arbres d'aujourd'hui

Combien d'espèces d'arbres y a-t-il ?

Dans les régions boisées de la Terre, il pousse des milliers d'arbres. En réalité on peut répartir l'ensemble des arbres en deux groupes: les bois tendres, appelés aussi arbres à feuilles persistantes ou conifères, et les bois durs ou arbres feuillus ou tout simplement « feuillus ».

Les feuillus ont des graines qui se développent comme chez beaucoup d'autres plantes dans l'enveloppe de l'ovaire. Leurs graines sont « cachées ». Les graines des bois tendres se développent entre les écailles ligneuses d'un « cône », sans enveloppe, elles sont « nues ».

Les bois tendres sont des arbres de la famille des résineux, tels que pins, cyprès, ifs, qui au lieu de feuilles ont de minces aiguilles.

On dit que ces arbres sont des arbres à feuilles persistantes parce que leurs aiguilles ne jaunissent pas en automne et ne tombent pas, elles restent vertes même en hiver. Naturellement les conifères ont aussi des aiguilles qui tombent en hiver, lorsqu'arrivent les gelées hivernales; mais c'est toujours si peu à la fois qu'on ne le remarque pas sur l'arbre. Le bois des conifères est la plupart du temps plus tendre que celui des feuillus; c'est pourquoi on les appelle des bois tendres (mais il y a aussi à cet égard des exceptions importantes parmi eux).

Tous les autres arbres comme le chêne, le châtaignier et beaucoup d'autres espèces sont des bois durs, qui ont des feuilles au lieu d'avoir des aiguilles. Mais cette règle, elle aussi, a ses exceptions. Le mélèze, un véritable arbre à bois tendre porteur d'ai-

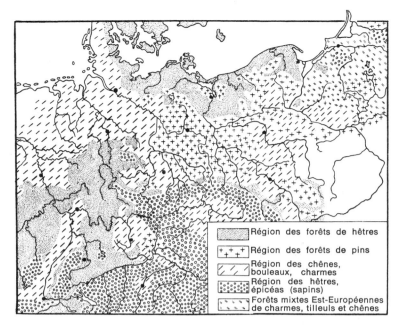

En Europe centrale, il existe cinq espèces d'arbres que l'on cultive pour le bois de construction : le Hêtre, le Chêne, le Bouleau, le Pin et l'Epicéa (Sapin). Les forêts — avec des différences minimes — sont exploitées en vue du rendement maximum. Ces forêts s'appellent des Domaines d'Exploitation forestière. Leurs arbres sont plantés et surveillés suivant un plan bien précis, et on déboise suivant les mêmes critères. Ce n'est que dans les régions où s'exerce la Protection des sites, des paysages et de la nature qu'il y a encore la forêt, dans laquelle la croissance des arbres et d'autres plantes forestières n'est pas surveillée et contrôlée par les gardes forestiers. Notre carte montre quelles sont les espèces d'arbres qui prédominent dans des régions déterminées. Naturellement, d'autres arbres poussent là également, et nous trouvons souvent aussi des forêts d'essences diverses.

Région des forêts de hêtres

Région des forêts de pins

Région des chênes, bouleaux, charmes

Région des hêtres, épicéas (sapins)

Forêts mixtes Est-Européennes de charmes, tilleuls et chênes

guilles, voit toutes ses aiguilles tomber à chaque automne; et il y a dans les climats tropicaux des arbres à bois dur qui gardent leurs feuilles tout au long de l'année, parce que là il n'y a pas du tout de gelées qui les fassent mourir.

D'où viennent les noms des arbres ?

Les arbres ont toujours été quelque chose de si familier pour les hommes qu'on leur a donné des noms de choses dont on parle chaque jour. Nous connaissons tous les arbres qui sont dénommés selon le fruit ou la noix qu'ils donnent: pommier (pomme), pêcher (pêche), poirier (poire), prunier (prune), oranger (orange), noyer (noix), châtaignier (châtaigne). Peut-être les noms de certains arbres dont la désignation est due à d'autres raisons sont-ils moins connus. Le peuplier noir et l'aulne noir tirent leur nom de l'écorce noire de leur tronc. Le nom de certains arbres vient de l'habitat où ils se plaisent. On trouve le pin de montagne dans les forêts de montagne; l'érable et l'orme champêtres vivent dans les terrains dégagés; les troènes se rencontrent le plus volontiers le long des sentiers qui passent à travers champs; le chêne des marais recherche son habitat dans les régions humides; le pin sylvestre (du latin « sylva » = forêt) constitue de gigantesques étendues de forêts, et le cèdre du Liban tire son nom simplement d'une chaîne de montagnes.

La désignation des arbres est également déterminée par la couleur des feuilles, lorsqu'elles s'écartent de façon notable d'une même espèce ou d'une espèce semblable: l'épicéa ou sapin bleu, le chêne rouge, le hêtre rouge et le hêtre bleu.

La forme particulière de leur cime différencie certains arbres d'autres arbres de la même famille.

Quelques arbres tirent leur nom d'autres signes particuliers qui leur sont propres. Le saule pleureur laisse pendre ses rameaux très bas vers la terre, comme une personne qui est courbée sous le poids d'un lourd chagrin. Le peuplier a un bois friable qui casse facilement; mais par le fait que les pétioles des feuilles sont relativement longs, les feuilles esquivent ainsi aisément les coups de vent, et de la sorte, les forces du vent sont déviées des branches et du tronc. Les feuilles sont facilement agitées, elles bruissent et murmurent dans le vent.

Écorce de bouleau

Feuilles de tremble

Saule pleureur

Le dessous des feuilles du peuplier argenté est couvert de petits poils argentés. Un coup de vent le fait briller comme de l'argent.

Le tulipier donne au printemps, avant que les feuilles ne poussent, de magnifiques fleurs qui ressemblent à nos tulipes.

En Amérique, l'arbre à coton, qu'il ne faut pas confondre avec le vrai cotonnier, répand les houppes cotonneuses de ses inflorescences partout à la ronde et recouvre la terre d'un blanc tapis.

Le quinquina pousse en Afrique dans les terrains bas et marécageux qui sont malsains pour l'homme.

Il arrive parfois que des arbres reçoivent des noms de personnes. Le gigantesque séquoia de la Californie, le plus grand et le plus ancien des arbres (que les Allemands appellent aussi pour cette raison « arbre-mammouth »), rappelle par son nom le grand chef de tribu indien Sequoia. David Douglas a donné son nom au grand sapin Douglas; et les magnolias sont appelés ainsi à cause du botaniste français P. Magnol, qui rapporta le premier leurs graines d'Amérique en France.

Afin d'éviter la confusion dans la dénomination et d'avoir toute certitude qu'un botaniste ou un négociant en bois qui est en France ou en Belgique sait de quel arbre parle n'importe quel collègue qui se trouve en Allemagne, en Amérique ou en Chine, les savants ont donné aux arbres des noms latins qui sont valables dans le monde entier.

La naissance d'un arbre

Un seul arbre produit chaque année plus de cent mille graines. Les graines des conifères sont enfermées dans un cône

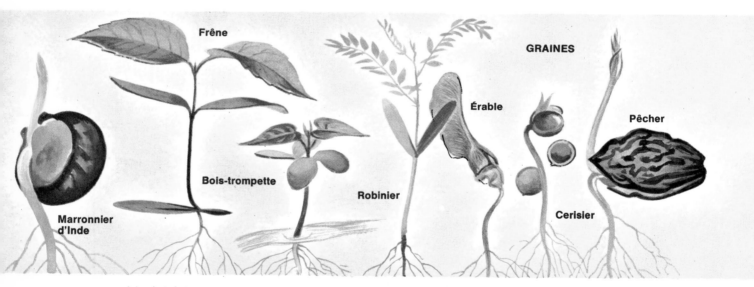

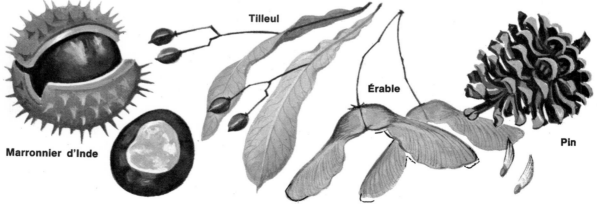

GRAINES ET CAPSULES DE GRAINES

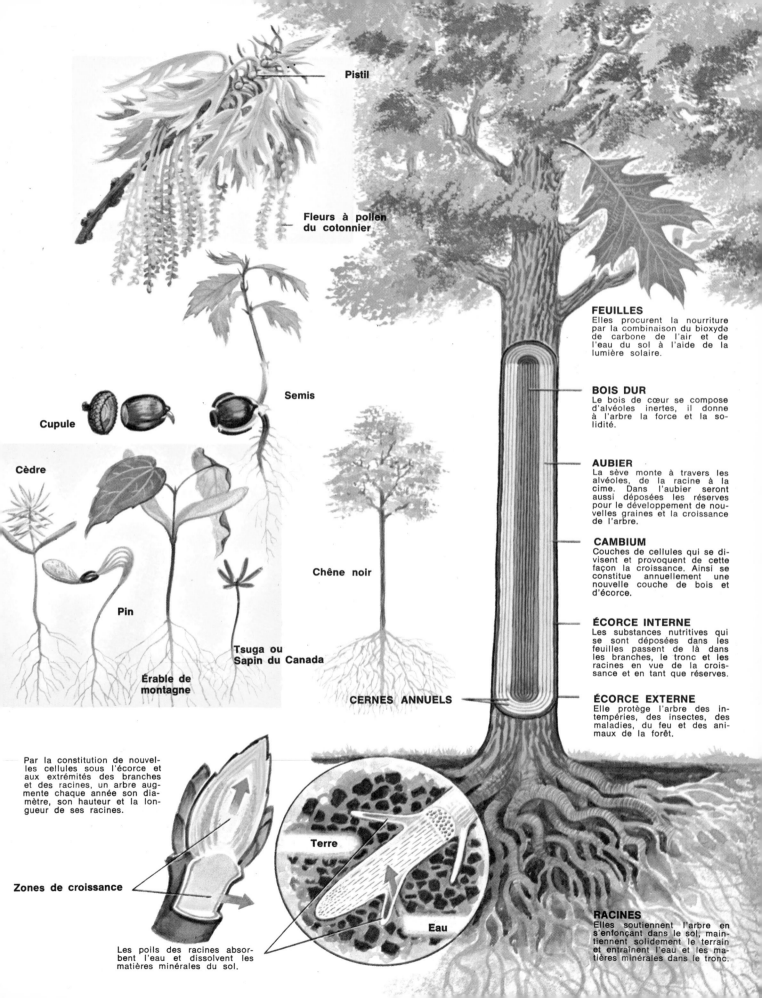

Pistil

Fleurs à pollen du cotonnier

Semis

Cupule

Cèdre

Pin

Érable de montagne

Tsuga ou Sapin du Canada

Chêne noir

CERNES ANNUELS

FEUILLES
Elles procurent la nourriture par la combinaison du bioxyde de carbone de l'air et de l'eau du sol à l'aide de la lumière solaire.

BOIS DUR
Le bois de cœur se compose d'alvéoles inertes, il donne à l'arbre la force et la solidité.

AUBIER
La sève monte à travers les alvéoles, de la racine à la cime. Dans l'aubier seront aussi déposées les réserves pour le développement de nouvelles graines et la croissance de l'arbre.

CAMBIUM
Couches de cellules qui se divisent et provoquent de cette façon la croissance. Ainsi se constitue annuellement une nouvelle couche de bois et d'écorce.

ÉCORCE INTERNE
Les substances nutritives qui se sont déposées dans les feuilles passent de là dans les branches, le tronc et les racines en vue de la croissance et en tant que réserves.

ÉCORCE EXTERNE
Elle protège l'arbre des intempéries, des insectes, des maladies, du feu et des animaux de la forêt.

Par la constitution de nouvelles cellules sous l'écorce et aux extrémités des branches et des racines, un arbre augmente chaque année son diamètre, sa hauteur et la longueur de ses racines.

Zones de croissance

Terre

Eau

Les poils des racines absorbent l'eau et dissolvent les matières minérales du sol.

RACINES
Elles soutiennent l'arbre en s'enfonçant dans le sol, maintiennent solidement le terrain et entraînent l'eau et les matières minérales dans le tronc.

Les oiseaux sont les meilleurs semeurs de graines.

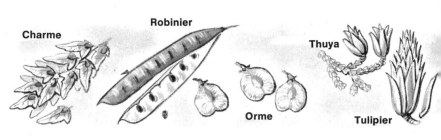

Charme

Robinier

Thuya

Orme

Tulipier

(qu'on appelle aussi une « pomme »). Le bouleau, le saule et le peuplier portent leurs graines à pollen dans des capsules. Chez le pommier, le poirier, l'oranger plusieurs graines sont contenues à l'intérieur d'un fruit. Les graines du noyer sont les noix elles-mêmes. Le cerisier porte ses graines dans les baies. Le robinier (appelé faux acacia) porte ses graines semblables à des haricots dans des gousses dures. Toutes ces graines contiennent les éléments vitaux pour faire pousser un petit arbre. Mais de ces millions de graines, très peu seulement survivent, parviennent à maturité et se développent en arbre.

Les oiseaux et les insectes mangent la plupart des graines alors qu'elles sont encore sur l'arbre. Les écureuils vivent des graines des noyers et des conifères. La plupart des graines restantes tombent sur des terrains infertiles où elles ne peuvent que se dessécher.

Mais la nature distribue les graines d'une main aussi généreuse parce que parmi les millions de graines qu'elle produit, seul un petit nombre arrive à germer et à enfoncer de frêles racines. Puis de petites tiges percent à travers la terre arable et le jeune arbre commence à pousser. Mais la possibilité qu'il ne se développe jamais en un arbre arrivé à sa croissance complète existe également encore maintenant dans la proportion de un

Paulownia

contre plusieurs milliers. Les petits arbres luttent les uns contre les autres pour la lumière du soleil et la nourriture qui vient du sol. Seuls les plus robustes survivent. Et cette compétition impitoyable se prolonge durant plusieurs années de leur croissance. Les grands arbres font de l'ombre aux plus petits, leur prenant la lumière du soleil, et les plus petits meurent. On calcule que sur un seul hectare de forêt de pins, environ 7.500 arbres meurent avant d'être arrivés à l'âge de vingt ans. Dans les pépinières, on plante les arbres de manière à ce que chaque arbre reçoive assez de lumière solaire dispensatrice de vie.

Comment la graine se propage-t-elle ?

C'est le vent qui disperse la plupart des graines! Plus l'arbre est haut, plus les graines ont de chances de survivre. Certaines graines, en particulier celles des érables sont pourvues d'ailes. Dans la brise fraîche, elles voguent comme de petits hélicoptères avec leurs hélices tourbillonnantes, souvent jusqu'à plus de cent mètres de distance.

Les oiseaux sont les plus efficaces semeurs de graines. Après qu'ils ont fait un repas de graines sur un arbre, ils laissent tomber un grand nombre de graines avec leurs excréments sur une distance de plusieurs kilomètres. Les chevreuils et les cerfs s'acquittent des mêmes services. Les écureuils emportent souvent des glands et des faines dans

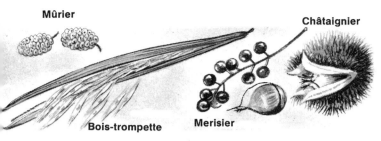

Mûrier

Châtaignier

Bois-trompette

Merisier

leurs cachettes de réserves hivernales; il arrive qu'ils les oublient, et la graine s'enracine et commence à germer pour devenir un arbre très grand.

Les plus surprenants transporteurs de graines sont les courants marins. Chaque île corallienne du Pacifique est formée d'une ceinture de très hauts palmiers. Les premiers de ces palmiers ont poussé des noix de coco qui, de plus grandes îles et de continents avaient été déposées là.

Pourquoi pousse-t-il des branches sur les côtés ?

Lorsqu'une graine tombe ou qu'on la plante, dans un endroit quelconque, une partie de la plante se développera dans la terre pour en retirer les substances chimiques et l'eau, et l'autre partie ira vers le haut, vers l'air et la lumière du soleil.

Les racines se développent là où elles trouvent le plus facilement les eaux souterraines. Les branches poussent de tous les côtés de l'arbre de façon à ce que le plus grand nombre possible de leurs feuilles aient leur surface tournée vers la lumière du soleil.

À l'endroit du tronc ou des plus grosses branches où sortent des rameaux, le bois doit être plus compact et plus dur afin de porter le poids supplémentaire. Cela forme un « nœud » dans l'arbre, comme une sorte de veinure arrondie que nous voyons dans le bois façonné.

Quelles sont les fonctions des racines d'arbres ?

Les racines d'un arbre ont un double but. Elles représentent une base qui ancre fermement l'arbre dans la terre. Leur autre fonction est de pomper hors du sol l'eau dans laquelle sont dissous les éléments nutritifs et de l'envoyer vers le haut par de fins vaisseaux ou veines jusqu'aux rameaux et aux feuilles les plus élevés.

L'expansion des racines dans la terre représente pour un certain nombre d'arbres seulement un dixième environ de l'expansion de leurs branches. Pour d'autres espèces comme par exemple le chêne, l'expansion des racines et des branches est presque aussi importante. Les racines d'un grand chêne placées bout à bout arriveraient à une longueur de plus de cent kilomètres!

Il y a deux sortes de racines: les racines pivotantes et les racines traçantes. La racine pivotante est un prolongement du tronc qui s'enfonce verticalement dans le sol. La racine traçante s'étend dans tous les sens. Toutes les racines sont couvertes de « cheveux ». On peut les voir quand on arrache une plante de la terre. Ces cheveux absorbent continuellement l'eau dans laquelle de petites quantités d'azote et d'autres minéraux sont dissoutes. De cette façon elles nourrissent l'arbre.

Les racines rendent aussi à l'homme de grands services. Elles maintiennent le terrain et l'empêchent d'être détrempé par les fortes chutes de pluie. Sans elles, les grandes quantités d'eau qui descendent le long des versants des montagnes s'accumuleraient et emporteraient un terrain précieux. Une vallée fluviale richement boisée est une garantie sérieuse contre des flots dévastateurs et contre l'effritement du sol. Plus le sol est fertile et mieux poussent la plupart des plantes. Toutefois, la croissance des racines d'arbres se trouvera stimulée par un sol pauvre. Dans un terrain aride elles doi-

Poils absorbants des racines

Radicelles

Racines

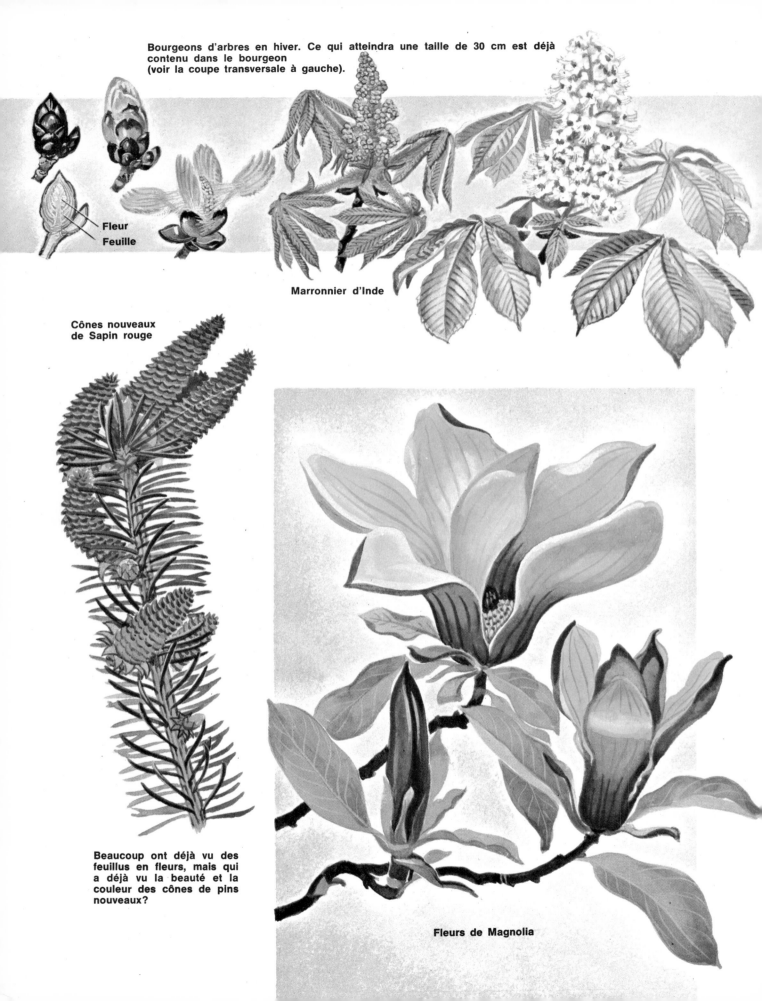

Bourgeons d'arbres en hiver. Ce qui atteindra une taille de 30 cm est déjà contenu dans le bourgeon (voir la coupe transversale à gauche).

Fleur
Feuille

Marronnier d'Inde

Cônes nouveaux de Sapin rouge

Beaucoup ont déjà vu des feuillus en fleurs, mais qui a déjà vu la beauté et la couleur des cônes de pins nouveaux?

Fleurs de Magnolia

vent s'étendre de plus en plus loin pour trouver assez d'eau pour procurer la nourriture à l'arbre. Elles trouvent infailliblement dans le terrain les endroits où il y a de l'humidité. Lorsqu'une racine rencontre une pierre elle pousse en la contournant et cherche son chemin au-delà. À cause de ce caractère marquant du comportement des pointes de racines à la recherche de l'eau, le grand naturaliste Charles Darwin supposa qu'un arbre avait la même capacité que le cerveau d'un animal inférieur, disons un ver de terre, de diriger les mouvements de ses éléments. Les botanistes savent qu'un arbre ne possède absolument pas de système nerveux: mais les branches réagissent aussi bien que les racines aux impulsions extérieures. Les feuilles ont tendance à rechercher le soleil, pour recevoir autant de lumière que possible. Si un petit arbre a poussé en partie dans l'ombre d'un plus grand, ses branches se développent dans le sens du côté ensoleillé.

Comment l'arbre achemine-t-il l'eau ?

Les arbres ont un système de circulation très bien organisé, comme le corps humain en a un. La sève travaille de la même façon que le sang. Elle circule par les veines depuis les racines jusqu'à la feuille la plus élevée et ensuite redescend pour achever son cycle. L'arbre travaille comme une gigantesque pompe aspirante. Une partie de l'eau qui parvient aux feuilles s'évapore à l'air et au soleil. Quand l'eau s'évapore dans les feuilles, les particules aqueuses situées le plus près sont aspirées par le vide qui se produit; les molécules aqueuses les plus voisines suivent de la même manière, et ainsi de suite jusqu'en bas dans les racines. L'eau de pluie ne peut pas pénétrer dans les pores des feuilles; elle ne peut être aspirée que par les racines.

L'eau qui ne s'évapore pas à travers les feuilles circule à travers le bois et l'écorce de l'arbre. Alors elle est vraiment la sève nutritive, et parce qu'elle a recueilli de nouveaux éléments, elle est plus substantielle que l'eau qui a été aspirée hors de terre.

Comment se nourrit un arbre ?

Un arbre élabore sa propre nourriture par un surprenant processus chimique connu sous le nom de « photosynthèse ». Cette expression vient de deux mots grecs — photos signifie lumière et synthésis veut dire assemblage, combinaison. Des matières « synthétiques » telles que la soie artificielle ou rayonne et le nylon nous sont à tous bien connues. Les chimistes les fabriquent en faisant se mélanger ensemble diverses sortes de molécules, et ils en obtiennent des matières complètement différentes. Au fond, un arbre fait la même chose pour fabriquer sa nourriture.

De même que tous les êtres vivants respirent, l'arbre respire également. Mais lui – et toutes les autres plantes – aspire principalement le bioxyde de carbone de l'air. L'arbre décompose le bioxyde de carbone en ses composants, c'est-à-dire le gaz carbonique et l'oxygène. Simultanément, il divise l'eau qui arrive dans les racines en oxygène et hydrogène. La chlorophylle, la mystérieuse substance qui donne aux feuilles et aux herbes la couleur verte, agit comme agent chimique; en utilisant la lumière solaire comme énergie, elle unit les molécules de l'eau au bioxyde de carbone et les transforme en glucose qui constitue la substance nutritive; c'est grâce à cela que l'arbre vit et pousse. La nuit, lorsque le soleil ne brille pas, le processus est interrompu.

Les savants ont recherché le processus chimique qui fait marcher la « fabrique de feuilles » pour l'imiter; mais ils n'ont obtenu aucun résultat jusqu'à présent.

Nervures d'une feuille de chêne

Pourquoi les feuilles changent-elles de couleur ?

La chlorophylle est la substance magique qui colore une feuille de vert. En hiver, lorsque l'arbre dort, la chlorophylle n'est pas nécessaire pour le travail de transformation de l'air et de l'eau. Quand la chlorophylle se décompose et que la feuille meurt lentement, d'autres substances colorantes prédominent; la feuille change sa couleur en tons jaunes, rouges et bruns. Lorsque la feuille est par la suite entièrement desséchée, elle tombe sur le sol.

Au printemps, l'arbre « se réveille » et recommence à pousser et à donner de nouvelles feuilles qui contiennent la chlorophylle dispensatrice de vie.

Comment l'arbre respire-t-il ?

Bien que l'arbre aspire l'air nécessaire à sa vie aussi à travers l'écorce et les branches, ce sont quand même les feuilles qui sont ses véritables poumons. Chaque feuille est recouverte individuellement d'une mince pellicule. Sur la face inférieure de la feuille, dans cette pellicule, se trouvent d'innombrables pores minuscules appelés « stomates ». L'arbre aspire l'air par ces pores et rend une partie de l'humidité qui a été pompée en bas à la racine sous forme de vapeur d'eau.

Un arbre aspire continuellement de l'air et rejette de l'humidité. L'échappement de la vapeur d'eau par les stomates rend une grande région de forêts humide et fraîche durant les brûlants jours d'été. Un très gros arbre, disons un vieux chêne, qui peut avoir plus d'un demi-million de feuilles, rejette chaque jour d'été plus de 100 litres d'eau sous forme de vapeur d'eau, dans l'air.

À quoi sert l'écorce ?

L'écorce d'un arbre a la même fonction que la peau de notre corps. La partie externe de l'écorce est épaisse et coriace et protège l'intérieur du tronc des insectes, des maladies causées par les champignons et autres ennemis.

Les couches internes de l'écorce forment des canaux pour la sève sucrée qui s'écoule des feuilles et assure la nutrition de l'arbre. Quelquefois, elles servent aussi de lieu de stockage pour les substances nutritives.

Tandis que l'arbre croît également dans sa largeur, lorsque chaque année une nouvelle couche de bois s'ajoute à son tronc et à ses grosses branches, l'écorce se dilate de l'intérieur vers l'extérieur pour s'adapter au tronc qui grossit. Chez la plupart des arbres, l'écorce extérieure, plus ou moins morte, ne peut pas se dilater; elle éclate et se crevasse.

L'écorce externe de certains gros arbres tels que le baobab, peut atteindre plus de 50 centimètres d'épaisseur. Riche en tanin, elle offre une protection absolue contre les insectes térébrants.

Comment peut-on connaître l'âge d'un arbre ?

Quand on examine la coupe transversale d'un tronc d'arbre, on remarque qu'il a une quantité de cercles concentriques. Ils

Coupe transversale d'une feuille

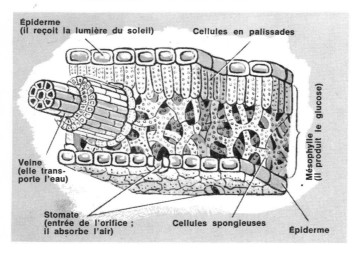

Épiderme (il reçoit la lumière du soleil)

Cellules en palissades

Mésophylle (il produit le glucose)

Veine (elle transporte l'eau)

Stomate (entrée de l'orifice ; il absorbe l'air)

Cellules spongieuses

Épiderme

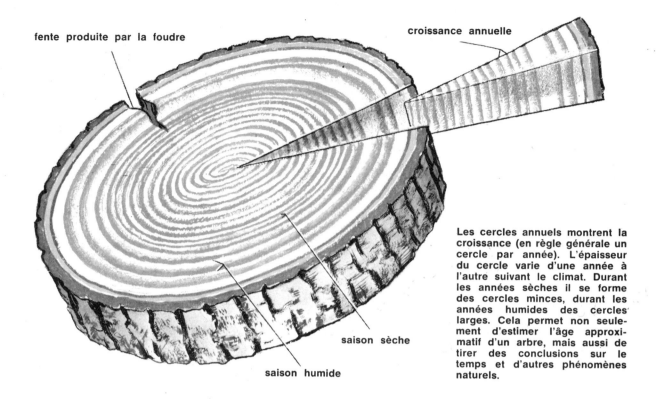

fente produite par la foudre

croissance annuelle

saison sèche

saison humide

Les cercles annuels montrent la croissance (en règle générale un cercle par année). L'épaisseur du cercle varie d'une année à l'autre suivant le climat. Durant les années sèches il se forme des cercles minces, durant les années humides des cercles larges. Cela permet non seulement d'estimer l'âge approximatif d'un arbre, mais aussi de tirer des conclusions sur le temps et d'autres phénomènes naturels.

indiquent approximativement l'âge de l'arbre. Chaque période de croissance ajoute au tronc une nouvelle couche de bois en plus. Pendant l'hiver, quand la sève cesse de couler, la croissance marque un temps d'arrêt. Le bois, en se reposant, prend une teinte plus foncée. De cette façon les « cernes annuels » se trouvent nettement marqués. En comptant les cercles, un homme de métier peut indiquer l'âge d'un arbre de façon assez précise. Quand on scie un tronc dans le sens de la longueur pour en faire des planches, les cercles forment un dessin de veinures.

Les cercles de croissance de très vieux arbres peuvent nous apprendre beaucoup sur les conditions météorologiques d'un temps passé très reculé. Dans les années de très grande sécheresse, les anneaux ne deviennent pas aussi épais que dans les époques où il tombe suffisamment de pluie. À l'aide de ces indices, les historiens peuvent déchiffrer de nombreuses énigmes des temps les plus reculés. Un exemple dramatique que le livre d'histoire des cercles de croissance à révélé

concerne les anciens habitants des rochers dans le sud du Colorado en Amérique du Nord. Il y a environ deux mille ans, les Indiens commencèrent à bâtir leurs villages sur le haut des parois à pic des canyons. En ce temps-là, cette partie du Colorado était notablement plus riche en végétation qu'aujourd'hui. Il y avait des chutes de pluie suffisantes pour permettre l'agriculture. Les Indiens avaient des ranchs florissants sur les plateaux des montagnes, au-dessus de leurs villes bâties sur les rochers. Là ils faisaient également paître leurs troupeaux.

Ils vécurent là plus d'un millier d'années. Lorsqu'en l'année 1276, plus de deux siècles avant que Christophe Colomb n'abordât sur les côtés du Nouveau-Monde, une sécheresse dévastatrice atteignit ce pays; les cultures et l'herbe se desséchèrent, et les cours d'eau qui avaient creusé dans le pays de profonds canyons cessèrent de couler. La période de sécheresse et de famine dura vingt-quatre ans; à cette époque, les Indiens abandonnèrent leurs foyers et partirent dans des

Séquoia géant

À gauche : **Séquoias géants**
Ci-dessus : **cônes et aiguilles de Séquoias géants**
Ci-dessous : **cônes et aiguilles de Séquoias « toujours verts »**

Séquoia

Séquoia géant

contrées plus habitables. Comment possède-t-on ces données et connaît-on ces événements? Par l'étude minutieuse des cercles de croissance de très vieux arbres qui se trouvaient là.

Quels sont les plus vieux arbres ?

Les plus vieux arbres de la Terre sont également les plus grands. C'est en Californie que poussent les énormes séquoias géants. Les plus grands exemplaires se dressent jusqu'à environ 110 mètres dans le ciel. Il y a plusieurs espèces de séquoias géants. Les « séquoias sempervirens » (« toujours verts ») ne sont pas tout à fait aussi grands que les séquoias géants, mais ils sont aussi gros. Le célèbre séquoia « Général Sherman »

a 83 m de haut et mesure 35 m de circonférence. C'est la plante vivante la plus puissante de la surface de la Terre. Cet arbre a commencé sa vie de plante il y a plus de 3500 ans. Il y a des centaines d'autres séquoias qui ont entre mille et deux mille ans.

Dans la forêt de Muir, une forêt de formidables séquoias géants surveillée avec beaucoup d'attention, à quelques kilomètres seulement au nord de San Francisco, est exposée la coupe transversale d'un vieux tronc d'arbre. Sur les cercles annuels sont marquées les dates des événements historiques les plus importants. Un des cercles marqués montre de quelle grosseur il était à l'époque de la naissance du Christ; d'autres cercles signalent l'année 1066, celle où les Normands conquirent l'Angleterre; d'autres cercles encore rappellent l'année de la Révolution américaine. Dans les cercles de croissance de ces vieux arbres, le visiteur peut lire un véritable résumé d'histoire.

On n'arrive pas à croire que les arbres gigantesques de Californie sont des « fossiles vivants ». Ils poussent là, de nos jours, aussi sains qu'il y a 3.500 ans.

Des arbustes séquoias centenaires que l'on peut considérer comme des « bébés » ne sont souvent pas beaucoup plus grands qu'un arbre de Noël normal. Dans la forêt de Muir on peut acheter de tout petits plants qui, s'ils pouvaient pousser sans être entravés, ne deviendraient adultes qu'en 22 siècles!

En Californie, il n'y a qu'un seul arbre qui peut l'emporter de façon sûre en âge sur le séquoia sempervirens et le séquoia géant. C'est un arbre de la famille du pin rabougri, que l'on a découvert en janvier 1956 dans les Montagnes Rocheuses. L'arbre séculaire était bas, noueux et rabougri. Quand les botanistes en taillèrent un peu le tronc, il était encore vivant. Cet arbre avait fait son apparition il y a environ 4.200 ans sur les pentes rocheuses des montagnes, et il fut exposé au froid glacial et aux tourmentes de neige pendant toute la durée de sa longue vie, entrecoupée de quelques courtes périodes de croissance seulement. Mais on aurait découvert aussi en Afrique, dans le Sahara, environ 68 exemplaires de cyprès qui auraient 4.700 ans. Et récemment on a signalé au Mexique un cyprès qui serait le plus vieil arbre connu et dont l'âge serait évalué à 6.000 ans.

Les ennemis des arbres

Dès l'instant où une graine d'arbre est tombée, sa lutte pour la vie commence. C'est une lutte continuelle contre les éléments. Nous savons que sur chaque million de graines qui tombe sur le sol, peut-être une seule de ces graines deviendra un germe et aura la chance de pousser. Les petits plants se repoussent l'un l'autre dans leurs efforts pour avoir une place au soleil. Quand ils se sont solidement implantés dans la terre fertile, la plupart des petits arbustes se trouvent dans l'ombre des grands arbres ce qui, fréquemment, les fait mourir.

LES ENNEMIS DES ARBRES

les insectes

le feu

les maladies

les animaux qui broutent

Le feu est le plus terrible destructeur de forêts. Très souvent, un incendie de forêt est provoqué par la foudre; mais dans ces derniers temps, des incendies dévastateurs ont été provoqués par des campeurs négligents et des fumeurs.

En plus de la compétition continuelle pour la lumière du soleil, le feu et l'eau sont des ennemis naturels dangereux. Plus d'un vieil arbre qui avait commencé à pourrir a été renversé par une tempête que des arbres plus jeunes et plus sains peuvent supporter. Et des centaines de jeunes arbres pleins de vigueur sont déracinés et abattus par de furieux ouragans.

Seuls des arbres gigantesques, les séquoias géants de Californie par exemple, semblent à peu près invulnérables. Nombre d'entre eux ont été frappés maintes et maintes fois par la foudre; ils en portent nettement les traces. Mais leur vitalité n'a pas été atteinte par les coups les plus violents de la foudre.

chenilles qui mangent les feuilles

Les insectes ennemis des arbres

Il y a des milliers d'espèces d'insectes qui vivent dans les forêts et qui tirent leur nourriture des arbres. Comme toutes les créatures de la nature, ils ont aussi leur part dans le circuit de la vie. Certains transportent le pollen d'une plante en fleurs sur une autre. D'autres vivent du bois mort en train de pourrir qui est tombé par terre; ainsi ils déblaient le sol de la forêt. La plupart de ces insectes, d'autre part, sont mangés par les oiseaux ou d'autres petits animaux. Dans l'ensemble, ces insectes des forêts ne font que peu ou pas de dégâts. Mais dans certaines circonstances ils peuvent devenir les meurtriers des arbres. Il y a cinq groupes de ces dangereuses espèces.

Les « *mangeurs de feuilles* » vivent sur les feuilles des arbres et mangent sans interruption, tout en rampant lentement. Habituellement, ils ne nuisent pas, car un arbre sain produit beaucoup plus de feuilles qu'il n'en a

cossus gâte-bois

balanin des branches

besoin pour sa respiration ou sa nourriture. Mais quand un arbre est attaqué par un nombre inhabituel de tels insectes, il perd une si grande partie de son feuillage qu'il meurt littéralement d'inanition. Dans certaines « années à insectes », des forêts entières sont vraiment assassinées.

Les insectes *qui creusent les branches* « mangent » leur chemin dans les rameaux et les petites branches. Lorsqu'en conséquence une grande partie de la cime du jeune arbre se trouve détruite, sa croissance générale est entravée. Les arbres voisins pous-

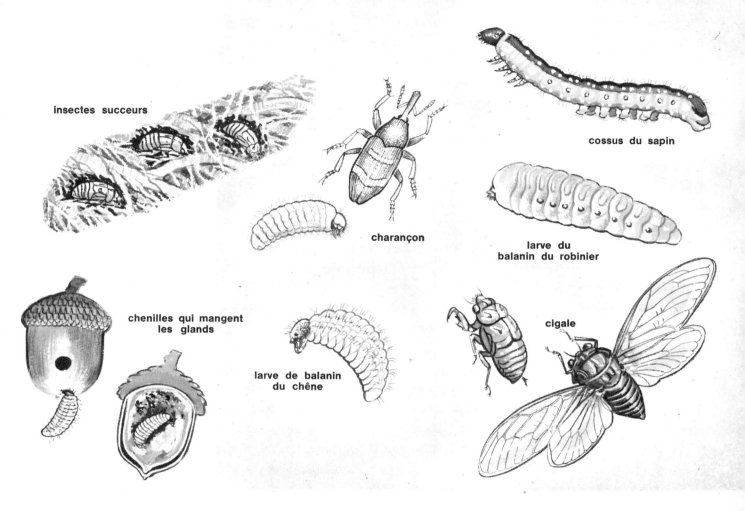

insectes succeurs

cossus du sapin

charançon

larve du
balanin du robinier

chenilles qui mangent
les glands

larve de balanin
du chêne

cigale

sent au-dessus de lui tout autour, lui dérobent la lumière du soleil et il meurt.

Les insectes *qui rongent le bois* sont pourvus par la nature d'organes masticateurs, ils creusent des tunnels dans les couches fibreuses du tronc. Ils n'attaquent pas que les veines par lesquelles circule la sève dispensatrice de vie, mais ils endommagent aussi le tronc, de sorte que l'arbre peut être renversé plus facilement par une bourrasque.

Les insectes *qui pompent la sève* se nourrissent de la sève vitale de l'arbre. Comme ceux qui rongent les feuilles, ils ne causent pas normalement de dégâts durables. Mais lorsque par hasard apparaît un grand nombre de ces insectes au cours d'une année, qu'ils passent d'un arbre à l'autre et aspirent la

Les insectes mangeurs de feuilles sont principalement des larves de papillons, de mites, de coléoptères et de mouches. Un des plus destructeurs est le cossus du sapin, la chenille d'une mite.

Les insectes qui percent les branches sont presque tous des larves de coléoptères, le charançon du pin en est un exemple typique.

Les insectes qui rongent le bois, munis d'organes perceurs et masticateurs, sont pour la plupart des coléoptères qui ont fini leur croissance aussi bien que leurs larves. L'un d'entre eux est le balanin du robinier, larve d'un coléoptère noir et jaune à longues antennes.

Nous trouvons les insectes qui sucent la sève parmi les pucerons, les cigales et les insectes sauteurs. Les plus gros d'entre eux sont les cigales.

Les insectes qui mangent les graines sont les larves de certaines espèces de guêpes, de chenilles et de mites. Nous montrons la larve du balanin comme exemple typique (la femelle perce un trou dans le gland et dépose ses œufs à l'intérieur).

sève vitale des arbres où l'empoisonnement surgit, des forêts entières peuvent disparaître.

Les insectes *qui mangent les graines* sont rarement trop gravement nuisibles. Un arbre produit des graines avec une telle profusion

Les insectes qui mangent les feuilles, ou les chenilles des mites des feuilles, sont si plates qu'ils rampent dans les canaux qu'ils creusent eux-même dans le tissu végétal. Les canaux ont l'air d'une main bizarre sur la feuille. Souvent ils ne sont pas plus gros qu'une tête d'épingle.

que les graines qui seront dévorées par de petits êtres vivants ne manqueront pas dans la grande continuité de la nature. Mais certaines années, ces rongeurs de graines peuvent surgir en nombre si énorme que les plants d'une espèce d'arbres déterminée peuvent ne pas subsister du tout. Cela nuit naturellement à la vie d'une région forestière si la nouvelle pousse de jeunes arbres manque sur une ou plusieurs années.

Qu'est-ce qui peut rendre un arbre malade ?

Il y a avant tout deux sortes de maladies des arbres. L'une est provoquée par des sortes de virus; ce sont de minuscules organismes dangereux, qui sont transportés d'un arbre à l'autre par les insectes qui sucent la sève. Les autres maladies fréquentes dont l'arbre peut être atteint consistent en différentes sortes de fongus ou champignons. Les spores de ces champignons sont transportés d'un arbre à l'autre, le plus voisin, par le vent, l'eau ou les oiseaux. Les maladies causées par les champignons peuvent provoquer les plus grands ravages dans les forêts, de même que les maladies causées par les virus.

Une des épidémies les plus tragiques fut la grande destruction d'ormes provoquée par un fongus, un champignon des arbres. Les ormes moururent par milliers dans toute l'Europe en même en Amérique. On trouva ce champignon sur toutes les espèces d'ormes. La maladie se manifesta par le fait que les feuilles se colorèrent en jaune ou en brun en plein milieu de l'été. La couche de croissance vivante du tronc se marqua de taches brunes. Le responsable de la transmission de la maladie était le charançon de l'écorce d'orme; il avait déposé ses œufs sous l'écorce d'un arbre touché. En mai ou juin, les larves sortirent et portèrent le champignon de la maladie sur les branches et les rameaux d'un arbre sain. Là le champignon commença son entreprise destructive sous l'écorce, et suivant la règle, la maladie fut décelée trop tard. Les experts volèrent au secours des beaux arbres et on espère conserver le peu d'ormes qui ont survécu à l'épidémie et les remettre petit à petit en bon état.

Récemment, en Amérique, les châtaigniers également ont presque été détruits par une maladie de champignon très rare, venue

d'Asie. Il y a environ deux générations, de beaux arbres vivaient là de façon florissante, vraiment aussi nombreux que chez nous; en l'espace d'un an ou deux, ils furent presque anéantis par le dangereux champignon. En réalité les châtaigniers semblent se défendre contre le destructeur. On a su que partout, des troncs présumés morts sortent de nou- velles pousses. Mais le champignon mortel n'a pas disparu et continue encore à attaquer les pousses des jeunes châtaigniers. On espè- re qu'un jour la nouvelle génération de châ- taigniers aura acquis des forces de défense contre cette maladie de façon à ce que puis- sent pousser à nouveau des châtaigniers sains.

Les arbres dans les forêts et dans les parcs

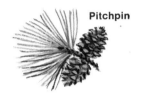

Pitchpin

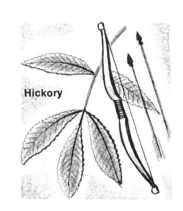

Hickory

Aux époques préhistoriques, de vastes con- trées de l'Europe étaient recouvertes de fo- rêts presque impénétrables. La campagne était peu peuplée. L'agriculture en était à ses débuts. L'homme était chasseur ou il ramassait des baies et des fruits; les forêts lui procuraient sa nourriture.

Mais lorsque le peuplement augmenta, que l'on fabriqua des outils de fer et d'acier, et que la charrue rendit le sol fertile, com- mença le déboisement des forêts vierges. El- les durent reculer devant les champs cultivés. La forêt fournissait dorénavant surtout le bois de construction et le bois d'ouvrage pour les nombreuses et importantes colonies nais- santes.

Cela se produisit en Europe il y a envi- ron 2.000 ans et ce processus s'étendit sur une période relativement longue.

À une époque plus récente, l'homme est intervenu plus profondément et plus rapide- ment dans la nature au moyen de la tech- nique. L'histoire de l'Amérique du Nord offre l'exemple d'un gigantesque déboise-

En été, les canoës en écorce de bouleau étaient les principaux moyens de transport des Indiens.

ment des forêts vierges. Les Indiens ne tiraient pas grand profit de leurs forêts. Ils utilisaient le bois pour leurs flèches et leurs arcs, ramassaient des branches mortes pour leur feu, de grosses branches pour leurs tentes, recouvraient leurs canoës d'écorce de bouleau imperméable à l'eau. Ils laissaient l'effectif d'arbres intact dans sa totalité. Toutefois, quand l'homme blanc arriva en Amérique, l'aspect des forêts se transforma aussitôt. Pour le pionnier, ce développement énorme des arbres était un fléau dont il s'efforça de se débarrasser le plus vite possible. D'immenses régions de forêts disparurent. Les petits arbres lui servirent pour la construction des maisons et la fabrication des meubles.

Le bois de grands et précieux arbres fut utilisé en quantités gigantesques pour la construction des villes qui naissaient rapidement et dans d'autres buts. La déprédation n'était pas rare dans les forêts exploitées.

Plus la colonisation de l'Amérique du Nord s'étendit vers l'Ouest, plus les grandes forêts vierges furent endommagées.

De nos jours, dans les régions industrialisées du monde de l'Ouest, il n'y a plus de forêts vierges. Les forêts sont scrupuleusement surveillées.

Nous décrivons à la suite quelques-uns des arbres que nous rencontrons fréquemment dans nos forêts et nos parcs.

LES CONIFÈRES

C'est au nord de l'Équateur que, de tous les arbres, les conifères sont les plus nombreux. Ils sont, vus sous l'angle économique, sûrement les plus appréciés pour la fabrication des matériaux de construction, du papier, de la térébenthine et d'autres produits synthétiques. Souvent, de grandes régions forestières sont constituées exclusivement de conifères. Dans d'autres régions ils sont mélangés à des feuillus. Les conifères sont

moins exigeants que les feuillus quant au terrain.

Les conifères de nos pays peuvent se diviser en quatre groupes: les pins, les épicéas, les sapins et les mélèzes. Tous ces conifères donnent des fruits qui sont des cônes (on les appelle aussi quelquefois des pommes); les cônes se composent de petites écailles ligneuses se recouvrant l'une l'autre en partie. Le cèdre dont la plupart des espè-

épinettes

Pin silvestre

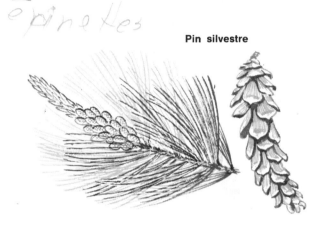

ces portent leurs graines dans des baies au lieu de cônes constitue une exception.

Le *pin sylvestre* est un arbre vigoureux. Il pousse rapidement et a une préférence pour les terrains sablonneux, mais pousse aussi bien dans la terre arable. Il ne nécessite pas de soins particuliers, il atteint un âge assez avancé et est pour l'homme sans doute une des espèces de pins les plus appréciées. Le pin sylvestre fournit un excellent bois de construction s'il est planté serré dans la forêt, de façon que le tronc s'élance verticalement vers la lumière. Il atteint plus de trente

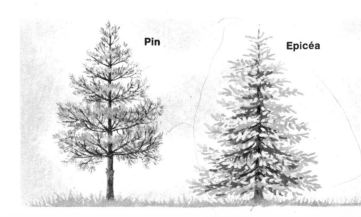

Pin　　**Epicéa**

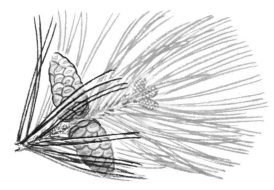

30 à 40 mètres. Ses aiguilles sont d'une couleur vert jaune. Il est très riche en résine et est pour cette raison employé pour la production de la térébenthine. Dans l'écorce de l'arbre, on pratique des incisions en diagonale, d'où la sève résineuse s'écoule dans de petits godets attachés au tronc.

Le *pin rabougri* est un petit arbre. Ses aiguilles sont minces et peu abondantes. Les arbres peuvent se trouver assez serrés les uns contre les autres; pour cette raison, la lumière solaire n'arrive pas jusqu'au sol

mètres de haut. Son bois a servi pour la fabrication des vergues de nombreux grands voiliers célèbres. Mais son bois était également si recherché pour la construction et les meubles, que c'est seulement par une surveillance attentive que l'on a pu maintenir le peuplement en pin sylvestre.

Le *pin rouge* ne le cède guère en valeur au pin blanc. Son bois a également la préférence partout où doivent être élevées des constructions solides et durables.

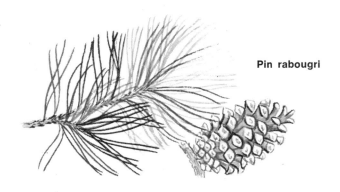

Pin rabougri

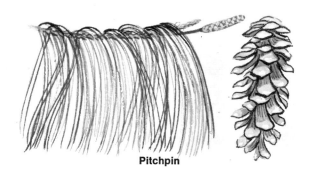

Pitchpin

de la forêt, de sorte qu'il n'y peut pousser ni fleurs ni arbrisseaux. Le tapis brun formé sur le sol par les aiguilles qui tombent n'est couvert que de branches et de rameaux morts. Ce pin est un arbre très robuste, qui résiste vigoureusement aux violentes tempêtes et aux flots salés de la mer.

On plante le beau *sapin Douglas* chez nous surtout comme arbre d'ornement dans les parcs et les jardins. Toutefois, en Amérique du Nord, il fait partie des bois d'ouvrage les

Un bois extrêmement apprécié des hommes de métier est une espèce de pin américain, le pitchpin. Il atteint une hauteur de

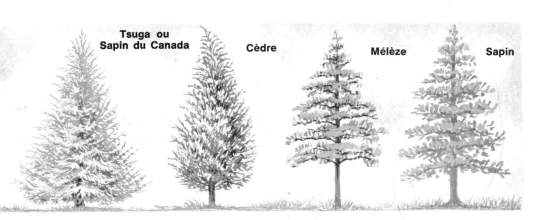

Tsuga ou Sapin du Canada **Cèdre** **Mélèze** **Sapin**

On peut classer les conifères en 6 groupes : les Pins, les Epicéas, les Sapins, les Tsugas ou Sapins du Canada, les Cèdres et les Mélèzes.

Sapin Douglas

nos quotidiens, de gigantesques quantités de bois d'épicéa sont transformées en papier. L'épicéa est de la plus grande utilité dans l'économie forestière. C'est un arbre qui a une croissance rapide. Il y a en Norvège des épicéas qui atteignent de 50 à 60 mètres. On rencontre d'immenses forêts d'épicéas en Europe centrale.

Le *sapin Tsuga* est un grand arbre plein de grâce que l'on plante volontiers dans tous

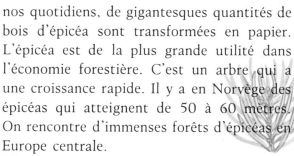

plus appréciés, et dans des conditions d'existence favorables il atteint jusqu'à 60 mètres de haut. Lorsque dans les pépinières on sélectionne les plantes fragiles par des repiquages pour donner aux plus forts davantage d'espace vital, des dizaines de milliers de Douglas sont appelés à devenir des arbres de Noël.

Le *baumier* se trouve également souvent dans les maisons comme arbre de Noël. Ses rameaux sont particulièrement souples et

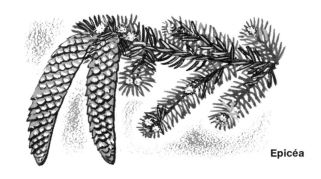

Epicéa

Sapin Baumier

en outre odorants. Ce sapin, que l'on rencontre en grand nombre au Canada et qui est passablement grand, a sous son écorce de petits amas de résine connus sous le nom de Baume du Canada et que l'on vend dans le commerce.

L'*épicéa* fournit la plus grande partie de nos arbres de Noël. Mais sa valeur commerciale repose avant tout sur le fait que les épicéas de toutes espèces fournissent le bois pour la fabrication du papier. Rien que pour

les parcs des zones tempérées. Il est originaire de l'ouest de l'Asie, des chaînes de l'Himalaya et de l'Amérique du Nord; il y a encore des forêts intactes de sapins Hemlock car leur bois n'est pas aussi employé que celui des autres conifères. Ce sapin est résistant et se laisse facilement transplanter; il convient également très bien comme arbuste pour les haies car il se taille facilement.

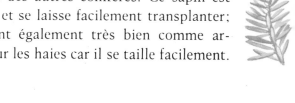

Tsuga ou Sapin du Canada

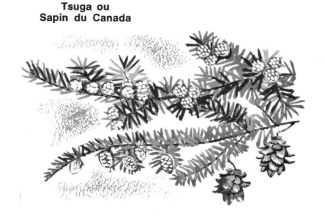

28

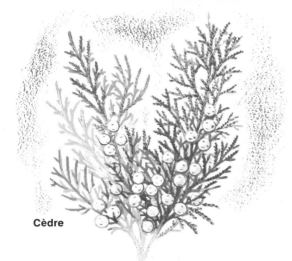

Cèdre

Le *cèdre* est facile à distinguer des autres conifères; ses aiguilles sont extrêmement courtes et poussent de façon si fournie et si serrée que l'arbre entier offre l'image d'un tout compact. Le bois de cèdre a une délicate teinte rosée et un délicieux parfum, que l'homme trouve agréable mais qui répugne aux insectes. Pour cette raison, le bois de cèdre est employé pour les armoires et coffres à vêtements, pour les boiseries de bibliothèques et autres meubles. On distille du bois et des aiguilles une huile parfumée qui sert d'adjuvant pour le polissage des meubles. Le bois de cèdre blanc ne se laisse pas pénétrer facilement par l'eau et ne pourrit pas. Dans les pays méditerranéens d'où le cèdre est originaire il est pour cette raison employé pour les bardeaux de toits et les piquets de clôture. Chez nous, le véritable cèdre pousse seulement dans les parcs.

Genévrier

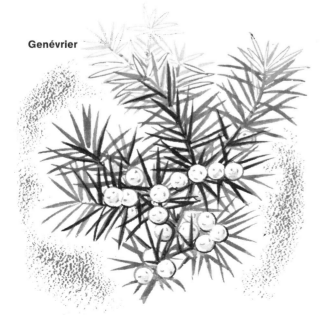

Le *genévrier*, qui appartient à la famille des cyprès, pousse bien dans les terrains secs et sablonneux. Les minces aiguilles exhalent une odeur de résine qui, en été, remplit la lande de son capiteux parfum. Les baies de genévrier sont utilisées comme aromates et pour la préparation d'une eau-de-vie; les petits animaux de la lande en sont friands.

Le *mélèze* est un des rares conifères porteurs de cônes dont les aiguilles changent de couleur à l'entrée de l'hiver et qui les perdent. Toutefois, ses petits cônes arron-

Mélèze

dis restent attachés aux branches dénudées. On trouve les mélèzes la plupart du temps dans les lieux peu élevés et humides, mais ils poussent aussi sur des terrains situés plus haut. L'arbre est issu à l'origine des régions alpines, des Carpathes, de la Silésie et de la Moravie. À cause de sa beauté on en a planté aussi dans d'autres pays. De nos jours, on le trouve jusqu'en haut vers l'Écosse et la Norvège et aussi dans les pays d'Outre-mer.

Le *thuya*, que l'on appelle aussi familièrement « arbre de vie », et qui, avec son habit toujours vert et sa belle silhouette conserve à nos parcs et à nos cimetières une parure

Vieux Cyprès

l'arbre pousse et atteint sa maturité lentement et comme son bois contient beaucoup de tanin, il est capable de résister à l'action de l'eau et à la pourriture. C'est pour cela que le bois de chêne fut utilisé dès les temps anciens – là où la construction devait résister sur une longue durée à n'importe quel temps et à l'eau – dans la construction des maisons, des bateaux, dans l'aménagement des forts et des ouvrages d'art. Mais on en fit aussi des meubles qui se transmettaient dans les familles au cours des siècles. Le chêne a une grande longévité. Il y a des chênes âgés de mille ans et qui ont jusqu'à 40 mètres de hauteur. De leur écorce on obtient le tanin avec lequel on tanne les cuirs, en les rendant ainsi plus résistants. Les glands conviennent très bien comme nourriture pour les cochons; pour l'homme ils sont immangeables.

Chez les Germains, le chêne était tenu en grande considération, il passait pour sacré; c'est sous ses frondaisons que se tenaient les conseils.

végétale même en hiver, fait partie des conifères.

L'*if* (ou *taxus*) est déjà depuis très longtemps rare. Il pousse particulièrement lentement. Son bois est compact et robuste mais reste souple. Dans les temps anciens on en faisait des arcs et des flèches. De nos jours ce bel arbre est sous la sauvegarde de la Protection de la nature.

Les débris d'ambre jaune que l'on trouve sur les côtes de la mer Baltique sont des témoignages de l'existence de nos conifères aux temps préhistoriques. L'ambre jaune est de la résine durcie de pins qui ont vécu il y a des milliers d'années.

L'*érable* est un de nos plus beaux arbres. Au début de l'automne, quand ses feuilles changent de couleur, les forêts resplendissent des teintes de son feuillage, rouge vif, jaune et orange éclatants. Mais en plus de sa beauté, l'érable possède des qualités d'utilité. Son bois clair, délicatement veiné est

LES FEUILLUS

Le *chêne* est le plus marquant des arbres de nos forêts, de nos villages et de nos parcs. Son tronc puissant, ses branches noueuses, son écorce compacte, foncée, crevassée, ses jolis fruits, ses glands, donnent à l'arbre son caractère typique. Le bois de chêne est compact et dur, et comme bois de construction il résiste pendant des siècles. Comme

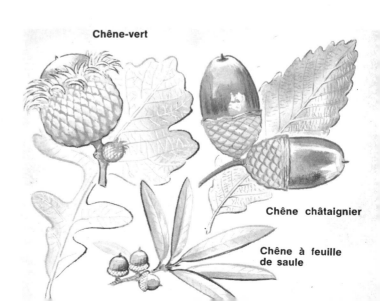

Chêne-vert

Chêne châtaignier

Chêne à feuille de saule

apprécié comme bois de placage. De la sève de l'*érable à sucre*, originaire de l'Amérique du Nord, que l'on a aussi implanté en Europe centrale, on extrait un sirop que l'on trouve souvent au petit déjeuner dans certains pays. Les érables de nos pays sont désignés sous le nom d'érables de montagne, érables champêtres ou faux sycomores. Les formes de leurs feuilles se ressemblent; toutes les espèces ont les mêmes graines munies d'ailes, qui, dans le vent chaud du début de l'été planent dans l'air comme de petits engins volants.

Le *robinier* est souvent appelé « faux Acacia ». Il est apprécié comme arbre d'ornement parce qu'il a de belles feuilles pennées et qu'en outre ses fleurs en forme de papillons, qui pendent en grappes, resplendissent en touffes rouge clair ou blanches. De plus, il répand un suave parfum. En dehors de ses feuilles pennées, le robinier a aussi des feuilles secondaires en forme d'épines. C'est un arbre peu exigeant, qui vit très bien sur des terrains secs et sablonneux. Son nom lui vient du botaniste français Robin, qui rapporta en Europe de l'Amérique du Nord, sa patrie, ce bel arbre, aux environs de 1600. Comme le véritable acacia a aussi des feuilles pennées et des épines, on le confond souvent avec le robinier. Mais les deux arbres se différencient par leurs fleurs: l'acacia

a des fleurs jaunes en forme de boules. Le robinier est planté chez nous dans les jardins et les parcs et en bordure des routes; mais nous le trouvons aussi parfois dans les forêts, où il est exploité pour son bois dur et compact.

Le *saule* se tient souvent sur les bords des rivières, des ruisseaux ou des étangs. Son bois est très souple et peu utilisé comme bois de construction. Le tronc du saule en fin de croissance est dur et noueux; ~~mais ses rameaux sont si minces et fragiles qu'ils pendent vers le sol et parfois cassent par leur propre poids~~. Ses rameaux peuvent accomplir la même tâche que ses graines: on enfonce dans le sol humide et ameubli un rameau de saule, il prend racine et commence à se pourvoir de feuilles. Quand une longue file de saules se trouve le long des rives, on peut penser qu'au cours du temps des branches tombées de vieux arbres ont été amenées hors de l'eau et que par la suite elles ont pris racine en d'autres points de la rive.

Le *platane* a des feuilles semblables à celles de l'érable. Il est répandu dans toute l'Europe, et on le trouve en Europe centrale jusqu'à la Baltique. On le voit dans les parcs et le long des routes, il atteint un grand âge, son tronc est vigoureux, parfois énorme, ses branches robustes. Ses larges feuilles forment une haute voûte épaisse de verdure et répandent durant la chaleur de l'été une ombre bienfaisante. Les allées de platanes font partie des plus belles plantations d'arbres de nos routes. Leur écorce se détache du tronc en larges plaques irrégulières; l'écorce nouvelle qui apparaît a une délicate couleur vert jaune qui forme de la sorte un joli contraste de couleurs.

Le *sycomore américain* a également de grandes feuilles solides semblables à celles de l'érable; son écorce se détache comme

Chêne rouge

Chêne noir

Chêne Yeuse

Chêne des marais

Il y a davantage d'espèces parmi les chênes que parmi les autres arbres.

31

celle du platane et fait des dessins gris, blancs, vert tendre et bruns sur le tronc.

En Amérique, il y a encore un arbre qui atteint jusqu'à 30 mètres de hauteur et dont les graines en forme de petites boules ressemblent à celles du sycomore; son écorce donne une résine sucrée que les enfants mâchent comme du chewing-gum. C'est de là que l'arbre tire son nom de gommier.

Le *magnolia en fleurs* est un arbuste ou un arbre de la beauté la plus somptueuse. Sa patrie est l'Extrême-Orient. Aujourd'hui on le trouve comme plante d'ornement dans toutes les zones tempérées. Le magnolia a des feuilles résistantes, luisantes, qui sont lisses comme du cuir au toucher. Ses fleurs sont volumineuses, blanc crème ou rose pâle, et poussent sur l'arbre ou l'arbuste de façon aussi abondante que les roses sur le rosier. Lorsque le magnolia fleurit, l'air est rempli d'un lourd parfum sucré.

Le *tulipier* appartient à la famille des magnolias. Il est cultivé comme plante d'ornement dans beaucoup de parcs et de jardins. Ses fleurs ressemblent à des tulipes; elles ont donné leur nom à l'arbre.

Avant que l'arbre ne déploie ses feuilles, les fleurs de *cornouiller* éclosent brusquement en une splendeur jaune pâle. Il y a dans nos jardins une espèce de cornouiller dont les fleurs se développent avant les feuilles. Il y a aussi des espèces à fleurs roses et des espèces à fleurs rouges.

Le *frêne* a des feuilles pennées comme le robinier et des graines à ailes comme l'érable; mais la graine de l'érable n'a qu'une aile. Il y a de nombreuses espèces de frênes, qui varient par la coloration de leurs feuilles ou par quelque chose dans leur écorce, mais elles sont très difficiles à distinguer. Le bois de frêne est très apprécié des hommes de métier. Il est dur et élastique, et pour cette raison, utilisé pour les agrès de gymnastique, les skis, les outils, etc.

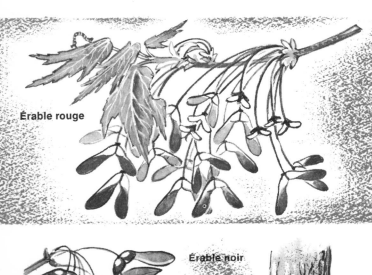
Érable rouge

Érable noir

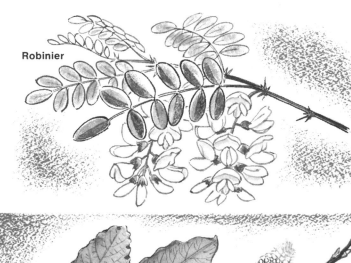
Robinier

Saule

Sycomore

Érable à sucre

Aubépine

Gommier

Cornouiller

Arbre de Judée

Laurier rose

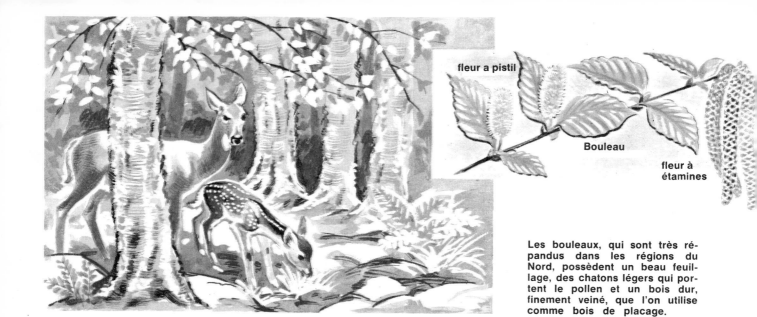

fleur a pistil

Bouleau

fleur à étamines

Les bouleaux, qui sont très répandus dans les régions du Nord, possèdent un beau feuillage, des chatons légers qui portent le pollen et un bois dur, finement veiné, que l'on utilise comme bois de placage.

Le *bouleau* est l'arbre le plus gracieux de nos pays. Son frais feuillage d'un vert clair, son écorce blanche, lisse et brillante comme de la soie, ses branches ondulant doucement dans le vent, en font un des arbres les plus délicats et les plus beaux au printemps. Les grains de pollen mâles sont enfermés du-

Frêne blanc

rant l'hiver dans de petits chatons durs qui, au printemps, s'allongent, s'ouvrent et permettent au vent de transporter le pollen dans les campagnes. Le bouleau n'est pas exigeant, il pousse sur un sol pauvre et sablonneux. On le rencontre beaucoup dans la lande, mêlé aux pins et à d'autres feuillus. Mais il pousse aussi dans le grand Nord.

L'*aulne* fait partie également de la famille du bouleau. À l'encontre du bouleau, son écorce est très foncée. L'aulne pousse de préférence sur les bords des ruisseaux et des rivières. On le reconnaît facilement à ses chatons d'abord durs et qui au printemps pendent en légers fuseaux, et aux fruits ligneux de l'année précédente qui ressemblent à de petits cônes ronds.

Le *hêtre* est un des arbres les plus beaux et les plus majestueux de nos régions. Le peuplement en hêtres peut constituer parfois des forêts entières. On le trouve en Europe occidentale, centrale et méridionale, mais pas dans les régions nordiques où le climat est trop rude. On le rencontre également dans les forêts mixtes, c'est-à-dire mêlé aux conifères. Le tronc du hêtre est enveloppé d'une écorce dense et lisse de couleur gris argenté. Les branches de l'arbre s'orientent nettement vers le haut, mais les rameaux étendent leur feuillage en larges éventails à la rencontre de la lumière. Le hêtre forme ainsi un toit épais de feuillage, et seul un peu de taillis peut pousser sur le tapis brun des feuilles formant le sol de la forêt. Le bois du hêtre est apprécié parce qu'il est dur, dense et robuste.

LES ARBRES FRUITIERS

Le *pommier* est célèbre dans les chants et les légendes. C'est en effet le plus répandu et le plus apprécié de tous les arbres fruitiers. Déjà la Bible le désigne comme l'Arbre du Paradis, et le serpent offre une pomme à Ève, afin qu'elle incite Adam à goûter à « l'Arbre de la Connaissance ». Salomon mentionne la pomme dans un de ses psaumes. Quand une pomme tomba de l'arbre et atteignit le célèbre Sir Isaac Newton à la tête, elle provoqua ainsi dans cette tête des réflexions dont la conséquence fut la découverte des lois de la pesanteur. On trouve le pommier à l'état sauvage dans les forêts d'Europe. Mais il ne porte que des pommes sauvages acides. Le pommier greffé est probablement originaire de l'Europe du Sud et du Proche-Orient. Il est connu qu'il ne se reproduit pas par sa graine, mais que chaque exemplaire doit être de nouveau greffé. On cultive plus de mille espèces de pommiers greffés. C'est des pays les plus lointains qu'arrivent sur les tables d'excellentes espèces d'une culture très poussée. La pomme contient des vitamines importantes pour notre santé; mais c'est en même temps un fruit savoureux, apprécié par les petits et les grands. Les pommiers ont facilement des maladies et doivent être souvent traités si on désire un bon rapport. Seuls des arbres jeunes donnent de bons fruits. Dans les plantations d'arbres fruitiers, on abat continuellement les vieux arbres pour donner de l'espace aux jeunes arbres. Mais les patriarches parmi les pommiers, ceux qui sont noueux et tordus, débordent au printemps d'une merveilleuse floraison rose, et sont la parure de nos jardins campagnards.

Les fruits des *cerisiers,* des *pêchers* et des *poiriers* sont après ceux du pommier nos fruits préférés. Ces arbres aussi sont probablement originaires du Proche-Orient. Comme les pommiers, ils donnent aussi des fleurs qui plaisent autant aux yeux que leurs fruits au palais. On estime que le bois du cerisier est une des espèces de bois les plus fines pour les travaux de placage. Il est tendre, riche de teintes et délicatement veiné. Sa beauté augmente avec l'âge.

Cerisier

Pêcher

Poirier

On appelle aussi fruits à pépins ou fruits à noyaux ceux qui contiennent à l'intérieur une graine qui est enfermée dans une coquille dure. De ceux-là font partie également la cerise, la prune, l'abricot et la pêche. Mais les fruits de l'amandier, de l'aubépine, du prunellier de même que celui du sorbier font également partie des fruits à noyaux. Au printemps, les arbres sont tous parés de fleurs à profusion, qui resplendissent de leur floraison blanche et rose dans la campagne. Pour leur beauté, on plante aussi comme arbres d'ornement dans les jardins et les parcs différentes espèces d'arbres. Les Japonais manifestent le grand plaisir que leur donnent les arbres en fleurs en fêtant chaque année et dans le pays entier la floraison des cerisiers.

Les arbres et arbustes portant des fruits à noyaux que l'on ne greffe pas pour l'utilisation de l'homme sont extrêmement importants pour la nourriture de nos oiseaux. Jusqu'en hiver, les oiseaux y trouvent des aliments riches.

Les *agrumes* – oranges, mandarines, citrons et pamplemousses – font partie des fruits des pays du Sud; cela veut dire qu'ils ne mûrissent que dans les pays chauds du Sud, et que les arbres ne peuvent pas résister aux gelées hivernales. Ils sont originaires de l'Orient, et de là ils ont été transplantés dans les pays tempérés chauds de l'Europe méridionale. Il est absolument prouvé que c'est Christophe Colomb qui introduisit les premiers orangers et citronniers en Amérique, où ils s'acclimatèrent sous les latitudes les plus chaudes. Aujourd'hui, on exporte

Cerisier

Pêcher

Poirier

Pommier

Orange

Citron

Mandarine

Pamplemousse

les jus d'agrumes des pays dans lesquels ils ont été cultivés vers tous les pays de la terre, et ils contribuent à conserver les hommes en bonne santé. Il y a un peu plus d'un siècle, un agrume est entré dans l'histoire. Des équipages de marine qui, durant de longs voyages vivaient surtout de viande séchée et de biscuits, succombaient fréquemment à une maladie mortelle: le scorbut. Par un heureux hasard, on s'aperçut sur un bateau anglais que le scorbut disparaissait quand on ajoutait du jus de citron à la nourriture des hommes d'équipage. Et à partir de ce moment-là, durant les voyages en mer, le jus de citron fit partie de la ration de nourriture quotidienne.

Ainsi fut définitivement vaincu le scorbut.

L'*avocat* est un fruit typique de l'Amérique du Sud. À l'origine c'étaient les Aztèques qui le cultivaient et le mangeaient. L'avocatier est un arbre d'une hauteur de 10 mètres qui a des fruits en forme de poires atteignant un poids de 500 grammes. La chair de ces fruits a la consistance du beurre.

DES NOIX AUX ARBRES ET AUX ARBUSTES

Le *noyer* grandit avec ses feuilles imparipennées, son branchage qui s'étale en

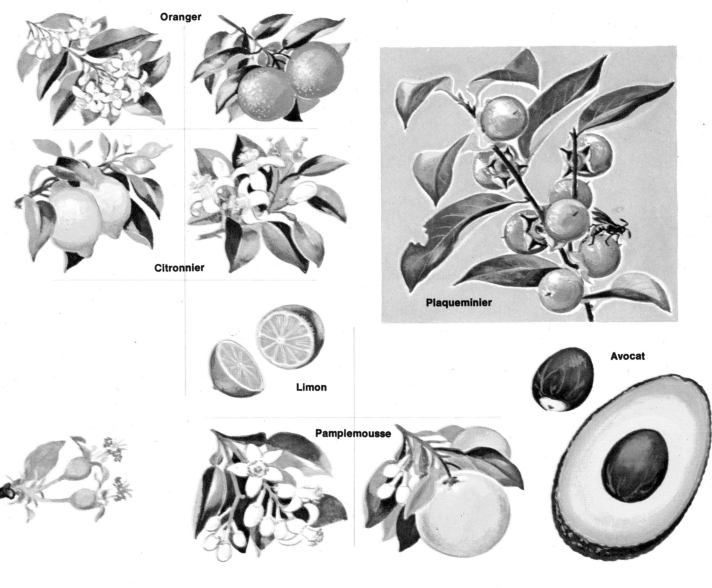

Oranger

Citronnier

Plaqueminier

Limon

Pamplemousse

Avocat

une large couronne jusqu'à une hauteur de 25 mètres. Son écorce est gris clair et crevassée. Son fruit, la noix, fait partie des fruits à noyau. Arrivé à maturité, il est entouré d'une enveloppe épaisse, verte et charnue qui contient le noyau, dans la coquille dure duquel se trouve la graine, la chair savoureuse de la noix. Elle est riche en huile et en albumine. Mais, la grande estime en laquelle on tient le noyer ne vient pas uniquement de sa belle taille et des noix, indispensables sur nos tables l'hiver. Son bois aussi est très apprécié. Il est dur et finement veiné, on l'utilise pour la fabrication de meubles particulièrement précieux et pour des travaux d'ébénisterie.

Le *hickory* qui pousse en Amérique du Nord est connu dans le monde entier à cause de son bois résistant, élastique et léger. On l'utilise de préférence pour les travaux de charronnage, pour les manches d'outils, et surtout pour les skis. Sa noix ressemble à celle du noyer et est très savoureuse. Nous la connaissons sous le nom de noix de pécan et depuis quelque temps on peut en trouver

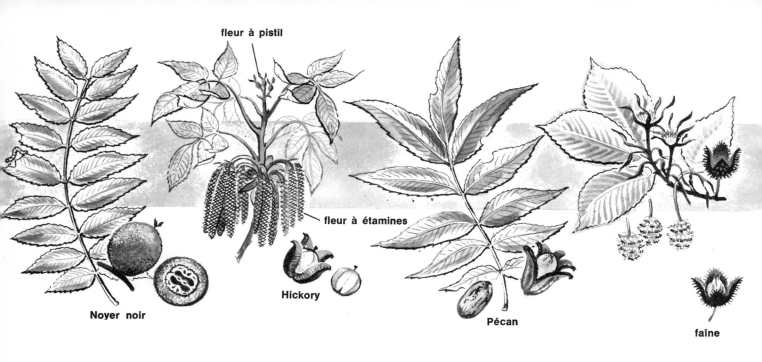

fleur à pistil

fleur à étamines

Hickory

Noyer noir

Pécan

faîne

chez nous. Sa coquille est marron et dure comme celle de la noix, mais plus mince et plus lisse.

Dans les forêts vierges de l'Amazonie pousse le *châtaignier du Brésil*. Cet arbre puissant fait partie des bois durs. Ses feuilles sont aussi grandes que le pied d'un homme et ses fleurs forment des touffes de couleur crème, très belles. Le fruit atteint la taille d'un melon et a une coquille dure. Il contient une douzaine et parfois plus de châtaignes aux coquilles dures, dont la chair est savoureuse et très huileuse. Les Indiens du Brésil ramassent les fruits dans la forêt vierge et c'est par bateau qu'ils arrivent en Europe jusqu'à nos tables.

Le *châtaignier* fait partie aussi des arbres fruitiers portant des noix. Mais ce que l'on appelle communément marrons est une variété de châtaignes qu'il ne faut pas confondre avec le marron d'Inde. Ce dernier est immangeable, alors que l'on consomme avec plaisir la châtaigne aussi bien crue que grillée dans toutes les régions du Midi. L'arbre est originaire de l'Asie Mineure, mais il est

aussi très répandu comme arbre fruitier et arbre forestier dans le Midi. Il y en a très peu dans le Nord.

Le *marronnier d'Inde* donne ses jeunes pousses en végétation exubérante au printemps. Et bientôt suivent les touffes de fleurs blanches, roses et rouges qui, dressées comme des chandelles, resplendissent au loin. Chacune de ces touffes porte un grand nombre de fleurs séparées qui, en mûrissant, ne deviennent pas toutes des fruits. Les feuilles du marronnier sont alternes, elles se composent de 5 ou 7 folioles séparées qui sont rangées autour de la tige comme les doigts d'une main. L'arbre devient grand et fort et en été dispense généreusement son ombre. C'est un des arbres favoris de nos forêts. Les fruits contenus dans les bogues piquantes sont marron foncé avec une tache blanche. À leur aspect ils semblent agréables à manger, mais en réalité ils ont un goût amer. « Ils ne sont bons que pour nos chevaux » ont l'habitude de dire les paysans; et voilà comment une espèce de châtaigniers voisine du marronnier d'Inde a été appelée communément « châtaignier aux chevaux ».

Anacardier

Œil-de-cerf

Noix ou Châtaigne du Brésil

Noisette

En Amérique, il existe une sorte de châtaigne à laquelle on a donné son nom d'après l'aspect de son fruit. Celui qui observe ce fruit marron, brillant, avec sa tache blanche, peut y voir une ressemblance avec l'œil d'un cerf. Ainsi a-t-on appelé dans sa patrie cette sorte de châtaigne « buckeye » (œil de cerf).

Le *noisetier* pousse en petits arbrisseaux dans nos forêts de feuillus, sur le bord des chemins et des haies. Il a une feuille verte et résistante, au bord dentelé. Déjà en hiver il porte ses nombreux petits chatons bien enfermés à l'abri du froid. Dès l'arrivée d'un temps plus doux, ils s'allongent, leurs petits fuseaux légers qui pendent libèrent le pollen jaune qui s'est formé entre leurs écailles. Le noisetier est une plante anémophile, ce qui veut dire que la pollinisation et la fécondation de la fleur femelle peu apparente par le pollen mâle jaune ne sont pas effectuées par des insectes mais par le vent. Au moment de la floraison des noisetiers le vent envoie le pollen des fleurs à travers la campagne en légers nuages jaunes. Alors, le printemps n'est pas loin. L'arbrisseau peut atteindre une hauteur de 4 mètres. Ensuite, en

automne mûrissent les noisettes, marron clair et dures, que les écureuils aiment manger et récolter pour l'hiver. Le geai aussi croque les noisettes et les mange. Et nous, les hommes, nous les trouvons aussi savoureuses, nous les utilisons pour en faire des gâteaux et aussi pour la fabrication du nougat et de bien d'autres friandises.

On peut aussi compter les faînes du *hêtre* parmi les noix. Les faînes des hêtres disséminées en grand nombre sur le sol des forêts de hêtres sont enfermées dans une enveloppe hérissée de piquants, qui s'ouvrent à l'automne et libèrent la graine. Les animaux des forêts en sont friands et on l'utilise aussi comme nourriture pour les cochons. Les faînes de hêtre sont riches en huile.

L'*eucalyptus* est originaire de l'Australie. De là il a été transplanté dans des pays à climat subtropical où il s'est propagé avec exubérance. Les eucalyptus ont des feuilles longues et étroites comme les saules et sont très odorants. On les presse pour obtenir de l'huile d'eucalyptus, qui soulage en cas de rhumes ou de maux de gorge. Les branches de l'arbre pendent jusqu'à terre; l'écorce s'écaille continuellement et se renouvelle sans cesse.

L'*ailante* est originaire de la Chine. On l'y appelle « l'Arbre du Ciel ». On l'a planté dans d'autres pays, dans l'espoir que le ver à soie accepte ses feuilles comme nourriture. Le ver n'a pas aimé les feuilles de l'ailante! Mais l'arbre se plut dans ces nouvelles contrées: il y prospéra et s'y multiplia comme les mauvaises herbes dans les lieux humides; dans les jardins publics et les endroits dégagés il pousse sans être gêné en rien par la poussière, la fumée ou les insectes. Il a des feuilles composées, pennées et qui ressemblent à des fougères. Il y a 15 à 30 folioles réunies sur une seule tige; celle-ci a une glande odoriférante qui, en se rompant, libère un parfum pénétrant. Les graines en forme d'hélice naviguent joyeusement au-dessus des jardins afin de propager les ailantes.

Le *cactus-chandelier* a l'air d'une main géante avec ses doigts tendus. Il atteint une hauteur de 15 mètres; ses bras se tendent en un courbe rigide vers le haut, pareils à ceux d'un chandelier. Au lieu de feuilles, le cactus-chandelier a des aiguillons piquants: la chlorophylle est contenue dans sa dure écorce verte.

L'*arbre de Judée*, parent du palmier, est un autre arbre du désert. On l'a désigné comme l'arbre le plus laid du monde. Il atteint une hauteur de 6 à 10 mètres. Le tronc et les branches sont couverts d'une grosse écorce rugueuse. Les jolies fleurs de l'arbre de Judée sont d'une couleur blanc ivoire.

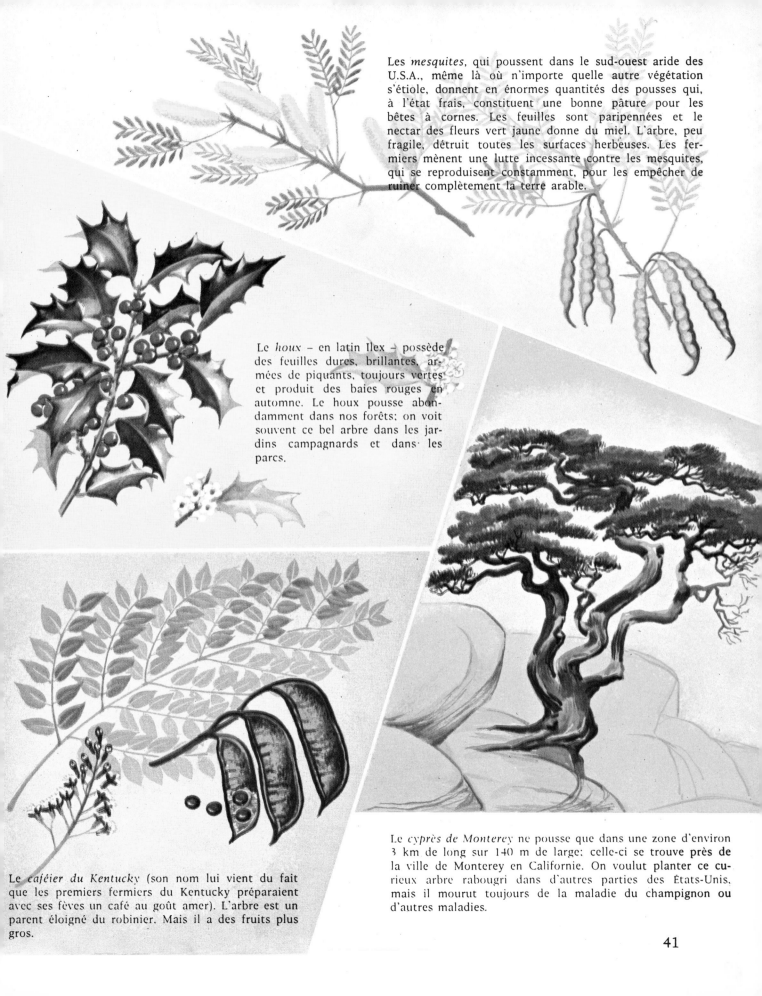

Les *mesquites*, qui poussent dans le sud-ouest aride des U.S.A., même là où n'importe quelle autre végétation s'étiole, donnent en énormes quantités des pousses qui, à l'état frais, constituent une bonne pâture pour les bêtes à cornes. Les feuilles sont paripennées et le nectar des fleurs vert jaune donne du miel. L'arbre, peu fragile, détruit toutes les surfaces herbeuses. Les fermiers mènent une lutte incessante contre les mesquites, qui se reproduisent constamment, pour les empêcher de ruiner complètement la terre arable.

Le *houx* – en latin Ilex – possède des feuilles dures, brillantes, armées de piquants, toujours vertes et produit des baies rouges en automne. Le houx pousse abondamment dans nos forêts; on voit souvent ce bel arbre dans les jardins campagnards et dans les parcs.

Le *caféier du Kentucky* (son nom lui vient du fait que les premiers fermiers du Kentucky préparaient avec ses fèves un café au goût amer). L'arbre est un parent éloigné du robinier. Mais il a des fruits plus gros.

Le *cyprès de Monterey* ne pousse que dans une zone d'environ 3 km de long sur 140 m de large; celle-ci se trouve près de la ville de Monterey en Californie. On voulut planter ce curieux arbre rabougri dans d'autres parties des États-Unis, mais il mourut toujours de la maladie du champignon ou d'autres maladies.

41

Les arbres tropicaux

C'est dans les climats de serres chaudes des Tropiques que l'on rencontre la plus grande variété d'espèces d'arbres – et en même temps les plus curieuses. Le soleil brûlant et les pluies torrentielles produisent un climat comme nous n'en connaissons que dans les serres. Et tous les êtres vivants du monde des Tropiques mènent une lutte continuelle les uns contre les autres afin de survivre. Les grands arbres sont toujours les gagnants parce qu'ils peuvent étendre leur couronne au-dessus de la pénombre permanente des terrains bas de la jungle dans la lumière du soleil. Et dans les déserts arides et les plates étendues de l'Afrique Équatoriale, bien des arbres adoptent des formes inhabituelles, car la nature s'efforce continuellement d'adapter les plantes à leur environnement.

Le *cocotier* est, de tous les arbres des Tropiques, le plus fécond et le plus important pour la population. Il pousse dans toute la ceinture de zone tropicale qui s'étend autour de la terre. Mais pour le monde des îles du sud de l'océan Pacifique, cet arbre gracieux joue un rôle primordial. Dans ces îles, le cocotier pourvoit pratiquement à toutes les nécessités vitales de l'homme. Son tronc fournit le bois pour les maisons et les bateaux. On tresse ses larges feuilles en éventail pour en faire des toits et des nattes. Son fruit, la noix de coco, est le principal aliment végétal des insulaires, et ses coquilles dures et brunes sont utilisées comme cuillères et comme récipients. Mais avant tout, l'exportation de la noix de coco est la principale source de revenus des îles. La chair de la noix est riche en huile. Après avoir été broyée et séchée au soleil, elle est connue dans le commerce sous le nom de copra ou coprah (d'après le nom malais koppara, c'est-à-dire noix du coco). Les pays européens importent annuellement des milliers de tonnes de copra qui servent de base à la fabrication de la margarine, d'huile de cuisine et de produits de saponification.

Le *dattier* est l'arbre bien connu qui orne les oasis des déserts du Sahara. Si une source jaillit n'importe où dans ces espaces perdus, on y trouve un bosquet de dattiers. La richesse d'un Arabe qui habite dans une oasis n'est pas calculée d'après l'étendue de ses terres mais d'après le nombre de ses dattiers. Venu à l'origine de l'Afrique centrale, le dattier a été introduit en Asie et dans les pays méditerranéens aux temps de la préhistoire. De là il a été transplanté en Californie.

Dans le fond, le *bananier* n'est pas un arbre mais plutôt une plante ressemblant à un arbre, qui atteint plusieurs mètres. La banane fournit leur principale nourriture à bien des tribus de la jungle africaine. On la cultive en vue du commerce en Afrique Occidentale, dans les Indes occidentales, en Amérique du Sud et en Amérique Centrale.

Le fruit de l'*arbre à pain,* un autre aliment important des îles des mers du Sud, a l'aspect d'une framboise jaunâtre grosse comme notre tête. On fait fermenter la chair du fruit, riche en fécule, en une pâte caséeuse utilisée pour divers plats, mais que l'on fait également cuire. La graine, qui ressemble à la châtaigne, est également mangeable. La fameuse « Révolte du Bounty » a été causée par les arbres à pain. Le capitaine Bligh avait été envoyé à Tahiti avec son bateau afin d'y prendre des arbres à pain qui devraient être plantés dans les colonies anglaises des Indes occidentales. En cours de route, l'eau commença à manquer sur le « Bounty ». Avec l'intention de conserver l'eau pour les précieux plants, Bligh refusait l'eau potable à ses hommes. Cela détermina l'équipage à embarquer le capitaine Bligh et la plupart de ses officiers dans un bateau. L'équipage établit alors une colonie sur une île jusque-là inconnue.

« L'arbre du voyageur », qui pousse dans les plaines arides de l'Afrique centrale, a la forme gracieuse d'un éventail de feuilles de palmier. Si à la base de l'éventail on creuse un trou dans le tronc, il en coule 1/2 litre et même plus d'une eau fraîche et claire. Cet arbre exotique, visible à de grandes distances, a épargné bien des voyageurs de mourir de soif. C'est pour cela qu'on a donné ce nom à cet arbre (Traveller's tree = Arbre du voyageur).

Le baobab d'Afrique est sans nul doute de tous les arbres du monde celui qui a l'apparence la plus étrange. Une légende africaine raconte que jadis un colosse, fils des dieux, arracha un arbre avec ses racines et le planta à l'envers dans la terre. C'est exactement l'impression que donne le baobab. Le tronc tout entier de cet arbre étrange est un véritable réservoir d'eau. Un très gros arbre contient plusieurs milliers de litres d'eau fraîche d'un saveur délicieuse.

Si l'essai de transplanter le baobab dans les îles occidentales des Indes fut un échec, la transplantation du gommier, qui fit le chemin dans l'autre sens, fut une réussite. Le gommier est originaire des régions de l'Amazonie. Ses plants ont été transportés vers Ceylan, Sumatra et la Malaisie vers les années 80 du siècle précédent. Là-bas, dans un sol tout à fait étranger, il poussa mieux que jamais en Amérique du Sud. Aujourd'hui, la plus grande partie de la production mondiale de gomme vient des Indes orientales.

Le suc du sapotier ou sapotiller, un arbre qui pousse au Guatemala, contient l'ingrédient de base des gommes à mâcher (ce que l'on désigne couramment du nom américain « chewing-gum »). Les arbres poussent mieux à l'état sauvage dans la jungle que dans les plantations. Les Indiens errent çà et là dans les forêts et là où ils trouvent les arbres ils les percent pour en tirer le suc. Ensuite, ils emportent le suc coagulé à bord de leur canoës et redescendent les rivières vers les stations commerciales. Le bois de sapotiller est très estimé comme bois de construction à cause de sa dureté et de sa durabilité.

Les boissons les plus répandues comme le café, le thé et le cacao sont les produits d'arbres qui poussent sous les Tropiques.

On a planté le caféier, originaire d'Afrique, aussi bien dans les pays du Proche-Orient qu'en Amérique Centrale et en Amérique du Sud. Comme trop de soleil n'est pas bon pour les baies, on plante le caféier à l'ombre d'arbres plus grands, où on le surveille attentivement. La caféine, élément essentiel du café, se trouve aussi dans la noix de cola. On utilise la noix de cola pour en faire des boissons. Peu connu est le fait que le bois solide et délicatement veiné du caféier est employé pour le placage fin.

Le théier ou arbre à thé, parfois pas plus grand qu'un arbrisseau, pousse surtout en Chine et aux Indes. Le thé est entré dans l'histoire, certes, lui aussi. Quand les Anglais eurent levé un impôt sur le thé dans leurs colonies Nord-américaines – c'était une boisson de luxe fort chère – les habitants de Boston organisèrent ce que l'on appela la « Tea-Party Bostonienne », au cours de laquelle plusieurs chargements de thé furent déversés dans le port de Boston en signe de protestation. Ce fut un des événements historiques qui menèrent aux guerres de libération

fruit de l'Arbre à pain

Dattier

Théier

Cocotier

Cacaoyer

Sapotillier

l'Arbre du Voyageur

Caféier

Gommier

et à la naissance des États-Unis d'Amérique.

Le *cacaoyer* ou *cacaotier* est un autre exemple de transplantation réussie. Il poussait à l'origine en Amérique centrale. Il y a bien des années, on en apporta des plants dans les régions de la côte orientale d'Afrique.

Là ce bel arbre fleurit mieux que dans son pays d'origine. Aujourd'hui, c'est de loin l'Afrique qui fournit la plus grande partie de la production mondiale de cacao. Le plus important pays exportateur est la République du Ghana.

Des arbres comme plantes médicinales

Depuis toujours l'homme connaît de nombreuses plantes dont les fleurs, les feuilles, les graines ou les racines ont des vertus mé-

dicinales ou sont au contraire nocives.

Les fleurs du *tilleul* préparées en infusion sont un moyen pour provoquer la sudation

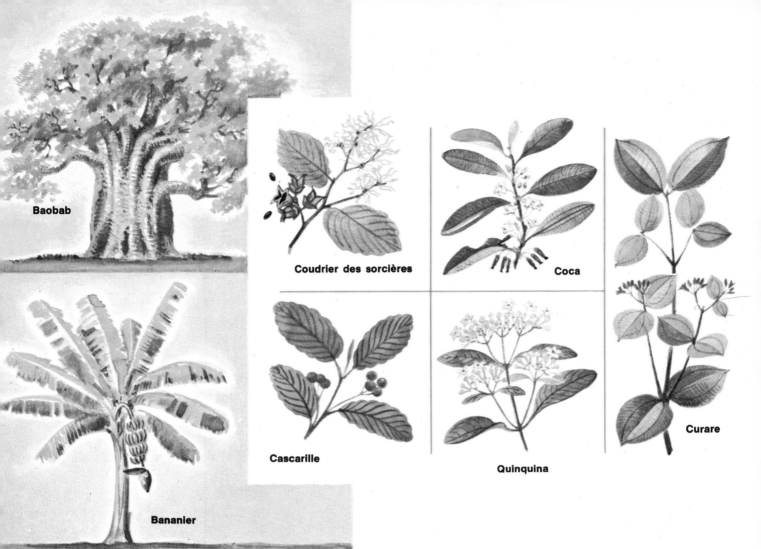

Baobab

Coudrier des sorcières

Coca

Cascarille

Quinquina

Curare

Bananier

dans les maladies dues à un refroidissement.

Le *curare,* qui pousse au Brésil, est un poison mortel. Les Indiens trempent les pointes de leurs flèches dans un concentré de curare ou dans une gomme-résine qui vient du plant de curare. Ainsi ils peuvent tuer rapidement des bêtes sauvages ou même des ennemis humains. Un médicament à base de suc de curare est utilisé en médecine.

Il y a deux arbres qui ont sauvé bien des vies humaines et ont fait merveille pour calmer les douleurs:

Les feuilles du *coca* fournissent la cocaïne – une bénédiction pour quiconque doit se faire soigner une dent ou la faire extraire.

On traite l'écorce de *quinquina* pour en faire de la quinine, remède particulièrement efficace contre la malaria. Avant qu'on ait découvert la quinine, la malaria tuait des millions de personnes chaque année dans les pays tropicaux. Le quinquina, qui a été aussi transplanté de l'Amérique du Sud aux Indes orientales a si bien poussé dans son nouveau milieu que les Îles Indonésiennes en produisent pratiquement assez aujourd'hui pour satisfaire les besoins mondiaux en quinine.

Le *coudrier des sorcières* pousse en Amérique du Nord. Dans le nord du pays, ce n'est qu'un arbrisseau, dans le sud il atteint la hauteur d'un arbre de bonne taille. Ses fruits sont des capsules dures ressemblant à du papier, dont chacune contient 2 graines ovales. Dès les premières gelées de l'arrière-automne, les fruits explosent comme de petits canons et projettent les graines à 5 mètres et même plus dans l'air. En pharmacie on vend un remède calmant contre les piqûres d'insectes qui est fabriqué avec l'écorce du coudrier des sorcières.

L'arbre comme symbole

Dans les temps anciens, lorsque des légendes naissaient parmis les peuples, les hommes étaient encore liés plus intimement à leur milieu naturel, aux forêts et aux prairies, aux arbres et aux buissons. C'est ainsi que dans nos légendes populaires les arbres ont une importance particulière. La forêt, dans laquelle il n'y a pas de chemins praticables, est habitée par de bons et de mauvais esprits et l'un peut se transformer et prendre l'apparence de l'autre.

Le Petit Chaperon Rouge, les petits frère et sœur Hansel et Gretzel, Blanche-Neige et Rose-Fleur voient leur destinée s'accomplir dans la forêt. Des sorcières et des lutins, des elfes et des mandragores y font des leurs et sèment le désordre; n'oublions pas non plus les brigands, mais aussi les nobles chevaliers et les princes qui habitent des châteaux enchantés au plus profond de la forêt.

On attribuait des effets particulièrement efficaces à certains arbres.

Avec la baguette de coudrier, la méchante sorcière transforme la pauvre jeune fille du conte de fées en animal de la forêt. Mais le coudrier est aussi au service des bons génies: il offre à Cendrillon, sur la tombe de sa mère, les beaux habits dont elle a besoin afin de devenir reine. Aujourd'hui encore, des sourciers armés d'une baguette de coudrier errent çà et là dans la campagne pour y trouver des sources. Le coudrier est aussi supposé protéger de la foudre.

Depuis les temps les plus reculés, la pomme a joué un rôle dans la Bible, dans les légendes et les contes de fées. Ève fait goûter à Adam le fruit de l'Arbre de la Connaissance: c'est une pomme qu'elle lui donne. Blanche-Neige rencontre les Sept Nains dans la forêt derrière les Sept Montagnes et elle tombe dans un sommeil profond après avoir mangé la pomme empoisonnée. Autrefois on remettait comme symbole d'amour et de fécondité une pomme à un nouveau couple. Dans certains contes de fées, la Reine sans enfants donne enfin naissance à l'enfant désiré après avoir mangé une pomme. Dans la mythologie grecque, quand Pâris doit accorder un prix à la plus belle des trois déesses, il donne une pomme à Aphrodite. Avec le sceptre, la pomme était comme globe impérial l'emblème du pouvoir temporel et religieux.

Le feuillage des arbres avait aussi une signification très profonde dans la vie des hommes. Alors que les Grecs honoraient leurs vainqueurs après la lutte en les parant de laurier, les Germains honoraient leurs héros avec des feuilles de chêne.

L'arbre lui-même devient le signe du printemps. En certains endroits on met encore un bouleau devant la porte de la maison à la Pentecôte.

Et à Noël le sapin resplendit dans la lumière des bougies. C'est une coutume venue d'Allemagne qui s'est répandue dans bien des pays du monde. Aucun arbre n'est plus grandement et magnifiquement honoré que le sapin à l'occasion de la fête du cœur.

COLLECTIONNER ET OBSERVER

Celui qui s'intéresse aux arbres peut faire bien des choses qui l'amuseront et l'aideront à mieux les distinguer et les connaître. Celui qui désire se constituer une collection de feuilles a de nombreuses manières de les rendre résistantes ou de reproduire leurs formes. On peut les presser ou les reproduire comme des empreintes. On peut presser et collectionner des fleurs, des graines et des feuillages d'hiver ou faire germer soi-même une graine d'arbre sur le rebord d'une fenêtre.

Pour exécuter une impression par projection mets d'abord un grand morceau de papier sur la table pour la protéger. Fixe ensuite une feuille qui a été pressée sur un morceau de papier à dessin avec des punaises. Trempe une vieille brosse à dents dans un récipient rempli d'encre pour affiches. Prends un petit bâton et fais-le glisser sur les poils de la brosse en direction du manche, vers toi. Les poils de la brosse vont se redresser en faisant gicler la couleur tout autour de la feuille sur le papier. Ensuite, quand tu enlèveras la feuille, il restera son empreinte en négatif sur le papier.

Pour avoir le squelette d'une feuille afin de la coller dans un album, prends une feuille verte fraîche et mets-la sur une petite planchette sur laquelle tu mets un morceau de vieux tapis ou un morceau de paillasson. Avec une vieille brosse à cheveux ou à chaussures, donne doucement de petits coups sur la feuille, jusqu'à

ce que toute la pulpe en soit partie (prends une brosse avec des soies animales, car les matières synthétiques sont trop dures). Maintiens solidement la feuille en place d'une main. Au bout d'un petit moment il ne restera plus que le beau réseau de nervures.

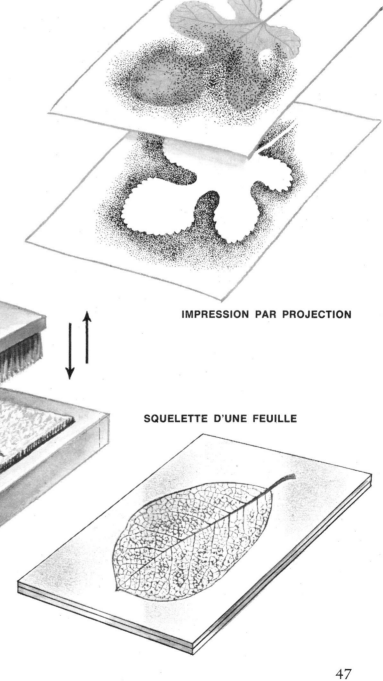

ENCRE POUR AFFICHES

IMPRESSION PAR PROJECTION

SQUELETTE D'UNE FEUILLE

Il n'est pas difficile de constituer une collection de graines d'arbres. Tu marqueras le nom des graines et tu les conserveras dans une boîte à collection.

Mais on a encore plus de plaisir en cultivant la graine fraîche jusqu'à ce qu'elle donne de petits arbres. On met une couche de cailloux dans un pot à fleurs ou dans un récipient en verre ; on la couvre de terre sablonneuse (environ 3 cm) et on la presse fortement. Ensuite on met la graine dans le pot, on la recouvre d'une mince couche de terre et on la presse de nouveau. On met le pot sur le bord de la fenêtre et on l'arrose avec de l'eau chaque fois que le fond est sec au toucher. Il faut garder le fond humide mais pas mouillé. Protège ta pépinière avec une vitre ou avec un morceau de papier journal qu'il faudra enlever lorsque la graine commencera à germer.

PEUPLIER

ÉRABLE

MAGNOLIA

HÊTRE

CHÂTAIGNIER

PAULOWNIA

Collection de branchages d'hiver

Collection de graines d'arbres

On doit d'abord faire sécher soigneusement les feuilles que l'on veut mettre dans un album. Tu mettras chaque feuille séparément entre les pages pliées d'un journal. Au-dessus et au-dessous de tout cela tu mettras encore plusieurs couches de papier journal plié et tu poseras un poids ou plusieurs volumes sur le tout. Les feuilles devront y rester jusqu'à ce qu'elles soient complètement sèches et aplaties. Alors tu les colleras dans ton album et y inscriras leur nom.

48